服装销售
业绩倍增实战手册

周新文◎著

中国纺织出版社有限公司

国家一级出版社
全国百佳图书出版单位

内 容 提 要

服务成就业绩！本书围绕如何提升服务水准，从人、货、店三个角度，按照售前、售中、售后的销售顺序，详细讲解了服装销售过程中的各类服务细节，案例典型，实操性强，非常适合服装销售一线人员阅读。

图书在版编目（CIP）数据

服装销售业绩倍增实战手册/周新文著.—北京：中国纺织出版社有限公司，2019.9
ISBN 978－7－5180－6599－8

Ⅰ.①服… Ⅱ.①周… Ⅲ.①服装—销售—手册 Ⅳ.①F768.3–62

中国版本图书馆CIP数据核字（2019）第187978号

策划编辑：陈 芳　责任校对：楼旭红　责任印制：储志伟

中国纺织出版社有限公司出版发行
地址：北京市朝阳区百子湾东里 A407 号楼　邮政编码：100124
销售电话：010—67004422　传真：010—87155801
http：//www.c–textilep.com
E–mail：faxing@c–textilep.com
中国纺织出版社天猫旗舰店
官方微博 http://weibo.com/2119887771
三河市宏盛印务有限公司印刷　各地新华书店经销
2019 年 9 月第 1 版第 1 次印刷
开本：710×1000　1/16　印张：13
字数：182 千字　定价：42.00 元

凡购本书，如有缺页、倒页、脱页，由本社图书营销中心调换

自 序

　　近几年，我一直"泡"在一线鞋服店铺，亲身感受着鞋服实体店发生的翻天覆地的变化。鞋服类产品的同质化越来越严重，各种营销方法几乎已经用尽，消费者越来越不买账。然而，我却发现了消费者正在进行消费升级，由以往以鞋服本身为主的消费，正在升级为以满足精神需求为主的消费。这一发现令人惊喜不已，我尝试着"把衣服和感情一起打包卖"，结果在河北、浙江、山东、河南、湖北、湖南、云南、福建、广东、上海、江苏、贵州等地的一些鞋服店取得了喜人的业绩！此后，"似大江一发不收"，通过微课和线下集训，在短短的一年多时间里，我把全国各地的一些优秀实战经验直接传播给了1万多家鞋服实体店。

　　本书拒绝高深的理论，特色是接地气的实战，实战的目标是业绩倍增，为此，不仅分享了"做什么"，更分享了大量的"怎么做"。

　　在此，特别感谢河北邯郸永峰鞋服的刘永峰先生、刘红娟女士，感谢山东临沂的赵玉玲女士，感谢河南南阳的王继宏先生，感谢杭州的陈浩明先生，感谢福建厦门的李娅女士、张海峰先生，感谢福建南平的芮水仙女士，感谢广州的徐芳女士，也感谢陕西的韩姣，感谢山东的王贵林、刘红云、陈清、朱文青、赵红，感谢湖北的李毕华、黄红、陈旭霞、熙禹，感谢湖南的王大元、苏燕春，感谢浙江的瞿三忠、陈碧霞、吉莉，感谢江苏的李冰，感谢福建的周盛荣、缪夏龙、黄书锦、陈伟柱、郭世旭、黄清芳、华彬彬，感谢河南的王琳、赵桂平，感谢江西的唐珊等一众朋友的支持。

周新文

2019 年 3 月于广州

服装销售五部曲

打招呼／迎宾

热情招呼乃职责
站立姿势有新规
含胸提肩和拔背
双手下垂头顶悬
一见顾客便招呼
接一看二招呼三
吐字清晰声音响
热情诚恳待顾客
招呼简洁语多变
早晚节日各不同
遇到熟客呼姓名
顾客内心自开怀
视线接触目光柔
点头微笑轻致意
招呼频率定要高
店铺氛围更融洽
顾客不理乃常有
付出不必求回报

介绍商品

留意信号红绿灯
悉心恭候一旁等
一举一动皆在意
一言一行总关情
打开话题开场白
用心聆听有耐心
了解需求靠询问
察言观色少不了
介绍商品看需求
特性优点变好处
挖掘货品独特性
讲多试多客买多

鼓励试穿

上装下装加配件
成套搭配常提醒
熟记货品小专家
衣服号型一拿准

开门检查里面请
如有要求门外应
有贬有褒有针对
声东击西有目标
调动顾客想象力
赞美鼓励有效果
协助顾客作比较
帮助选择亮高招

附加推销

要想销售得第一
附加推销显威力
选择成交要常用
直接成交亦看好
热点成交需客观
哥伦布式捏分寸
关联推销求补缺
找零成交适配件
假设成交看时机

买单还可再推销
不断增加串销率
销售超标奖金拿

收银服务

收银服务要规范
微笑速度少不了
双手接物莫拖延
折叠衣服打包快
确认金额和数量
还有封口胶莫忘
清晰唱票仔细验
客人买单笑开颜
洗涤介绍求简单
洗水麦上有指引
售后服务记提醒
若有问题凭小票
附加推销接力赛
勇者才能争冠军

目 录

第三部分　服务与销售实战案例

第一部分

服务成就业绩

1. 服务成就业绩

这些年我去过很多地方，包括国外。有时是专门考察，我会在不远处静静地看着各个服装店，比较店员和顾客的行为表现；有时是驻店，和店铺同事们一起接待顾客、服务顾客，我经常拿起手机反复拍摄同事们的行为，以及顾客在同事们的相应行为下是否进店、进店后的行为乃至后续是否成为回头客。

我发现，无论是南北东西，无论商场专柜还是商业街专卖店，无论男装、女装、童装、鞋子、内衣、箱包店，无论高、中、低档，无论1个店员还是多个店员——从表面上来看，货品、店员、客流都没有太多的不同。

然而，这只是冰山浮出海面的一小部分，海面以下还有更多看不到的部分，那就是服务、顾客情感联结、重点顾客维护以及员工的热忱与奉献！

看不见的部分决定了进店率、成交率、连带率、回头率、业绩和员工收入！

下面是福建仙游县郭老板的分享：

我有次到一个男装店去考察，一进门，那店铺员工就热情接待，而且要帮我免费洗鞋子，刚好外面在下雨，鞋子有些不干净，我就把鞋子脱下换了她准备好的拖鞋，让她拿到后台去洗。接着她就介绍产品。哇！我本来就只是想体会考察她店铺里的服务和服装，现在想走却走不了，因为鞋子还在她手上。一说鞋子，员工就说"鞋子还在帮你认真保养，还没完"。待着没事就逛逛，最后购买了一条皮带。这个对男士有用，男的脸薄。有美女，有好的茶水服务，鞋子又在她的手上，成交率是很高的。她的技巧是鞋子不在顾客的视线内，说词是正在专业保养。

郭老板是因服务而成交的案例，当然，我也看到很多服务没有成交的案例。

而且，在服装店初期推行优质服务时，往往会遇到顾客的排斥。这种排斥可能是因为顾客有压力，怕接受优质服务后不买东西不好意思；有的顾客是一种本能排斥，其实内心还是愿意享受优质服务的。

当顾客排斥的时候，店铺同事往往会把这种排斥放大。大多数时候，顾客是欣喜地接受我们的优质服务的，但是少数拒绝服务的情形出现，会显得很特别，我们会记住，有的同事甚至会产生一些恐惧的心理。

但是只要我们克服了心理障碍，往往会有意想不到的收获。

我们来看看福建光泽县 217 路某女装店叶凤的感受：

【每过一关，都会带来收获】

9 月的一个傍晚，一位美女顾客进店。

我上前问好，接着就问她的需求，她却不怎么爱说话，就说"随便看看"。

她走到裤子区域时，我挑出了适合她穿的裤子。

她一开始不肯进试衣间试穿，我就耐心地向她介绍这条裤子的卖点……后面进去试了。

出来以后，她照了照镜子，我说："挺好看的，衣服帮你挑了一件，你拿去配一配，看看整体效果怎么样。"

她再次试穿出来后一直说："会不会显胖？"这个问题让她纠结了十几分钟。

我就和她聊，后面她叫我别说了，说我很烦！

我笑了笑说："好，我这还有别的客人，你可以问问她们，别看我们是做销售的，不完全是忽悠你们，不然怎么有那么多老顾客。"

她自己又去挑衣服了，我就帮她倒了杯水。

后面她开口说我这态度真的还不错，她说她逛了一下午，进了很多店，基本看她穿得朴素都不搭理她。

渐渐地，她开始相信我，叫我多给她挑一套，后面成交了2套。

她还要求加我个人微信，说有新款可以微她。之后她每次来都会带走一套，最少一件。现在我们在微信里会聊生活等等，从顾客成为朋友，真的很开心。

以下是广州某女鞋店店长张琦的分享：

星期三，一个很平常的日子，人流量很少，直到下午三点左右，店里才陆陆续续地进来几个客人。

我接待的是两个女性顾客，其中一个（简称美女A）看了一会儿，就直接拿起一只鞋子试穿。

我看她对这鞋子还挺有兴趣，就跟她说可以拿一对给她试一下，她同意了。

试完一对后她说："这个鞋子有没有黑色的？我比较喜欢黑色。"

我说："这个鞋子只有金色和银色，夏天穿金色和银色也比较好搭衣服一点。"

我话刚刚说完，她朋友（简称美女B）本来坐在沙发上玩手机，一直没说话，这时突然语气很不好地冲我说："她都是黑色和深色的衣服多，肯定是黑色的好搭一些，你这里没有黑色的鞋，肯定就说黑色不好搭啊！"

我一下子没反应过来，被美女B给搞蒙了！

我也没说话，心里想美女B肯定很难搞，要先把她搞定才行。

这时，我突然想起培训时学到的方法。于是，默默起身跑到后场倒了一杯水递给美女B，然后面带笑容地说："美女，喝杯水吧，天气也挺热的，解解渴。"

美女B先是愣了一下，然后对我笑了一下，说了一声"谢谢"。

后来我明显感觉到美女B的态度转变了很多，美女A穿好鞋子问她好不好看，她就说好看；美女A说穿这个鞋子有点滑，她就说因为你穿丝袜，滑很正常，把丝袜脱了就不滑了。其实到后来美女A买那双鞋我都没怎么说话，就只是在旁边帮她穿鞋脱鞋，美女A就在美女B的点头夸奖中愉快地买了这双鞋。

她们走后，我想，要是美女B反驳我的时候，我当场和她争辩起来，或者后来没有给她倒杯水，这单肯定成不了。我当时就觉得，参加培训学习真的可以改变自己的思路，有时其实只是一杯水，就可以改变一个人的态度，把销量提高很多。

所以，我提出了一个口号："金牌导购勇闯关，个人业绩翻一番。"

那么，站在顾客的角度，很多顾客表面上看起来，感觉是匆匆的、冷冷的、爱理不理的、怀疑的、挑刺的、还价的、不自信的、不知在想什么的——然而，在这些外表的里面，都有一颗脆弱的、需要被尊重的、需要友谊和爱的内心！

只要我们以心换心，就能走入顾客的内心，打开顾客的心扉，激活顾客内心深处的真情，就能赢得广大顾客朋友们的支持！顾客就会优先购买我们的衣服并且带朋友来购物。

下面是湖北石首资深导购李金培的分享：

【一双鞋带，成就四双鞋】

当时，我的搭档叫李道华。

那天，店里进来两位男士，有一位男士买了一双鞋子，另一位男士试了好几款，都没有选到自己喜欢的，他指着自己的鞋子对同伴说："我这么好一双鞋子，1000多的，鞋带坏了。"

我们听到后跟他说："嗯，没事的，我们要公司发一双鞋带过来给你吧。"

最后他自己还是没有买鞋子。

他的同伴讽刺地说："你都没买鞋子，还好意思找人家要鞋带？"

我们马上回应："没事的，没事的。"

一个星期后的一天晚上，我们打了这位顾客的电话。

他过来拿鞋带的时候，也没有在店逗留一分钟。

他说完"谢谢你们，我今天有事"，拿起鞋带就走了。

其实我和李道华当时有些失落。我们更希望他坐下来聊聊天，看看我们的鞋子。

大概过了半年，那时李道华已经离职了。

这天我上早班，正准备下班的时候，突然听到一个熟悉的声音。

站在门口的一位男士正在朝我打招呼："嗨！美女，我来啦！我带老婆来看鞋子的，你帮我老婆选两双鞋子。"

我赶快把我的背包放下来，搭档则给他们倒了一杯水。

那位男顾客告诉我，其实十天前，他带老婆来买过两双鞋子。

我对班的那个女孩子也小声告诉我："是的，他过来买过两双鞋子，并且很爽快。"

他老婆也是一个很爽快的人，一会儿就选定了两双鞋子。

两双鞋子，不到20分钟就埋单了。

我在山东诸城兴隆百盛商场巡店时，看见一位70多岁的老人坐在一楼李宁专柜旁边的长条凳子上，一坐就是2个小时。

老人应该很孤独、寂寞，没有什么人陪他聊天，他宁愿一个人静静地坐在商场里面，看人来人往。如果我们热情服务，能让老人坐在店里的休息区，并陪他聊天、给他提供茶水服务等，相信他会很开心，会支持我们的工作，会在我们的店里购买衣服。

下面是河南新乡平原商场某男装专柜刘巧玉的分享：

这件事过去很久了，当时有位老太太在我们商场里，可能走累了，没找到坐的地方，就靠在我们3楼的服务台，那里有个桌子，没有凳子，她老人家就坐在地上。

我看到了，说："大娘，来吧，到俺这里来坐吧。"

大娘说："不用了，我坐那里影响你卖东西。"

我说："不影响，来吧。"说着，就伸手拉了她一把，把她拉起来，来到我们专柜的沙发上坐下来。

通过聊天，得知她是和儿子一起来的，不想左转右转了，等儿子呢。

我给大娘倒了杯水，就觉得她年龄大了，语言上也比较关心。

过了很久，她儿子来了。她对儿子说，我怎么怎么对她好。

我说："这没什么的，准见到了，都会这样做。"

她儿子穿着很讲究，一看都是大牌。

他看了看我们家的衣服，说："你帮我给我朋友挑几件衣服吧。"

就这样，我帮他挑了 2000 多元的衣服，我知道这些衣服他是不会穿的。

做这个事情之前也没想到让人家买咱的衣服，结果却出乎我的意料。

2. 态度是和顾客情感联结的纽带

我们急于成交，或者内心抵触、厌倦、敷衍、想草草打发顾客；或者想顾客所想，微笑、耐心、快捷、有礼、真诚为顾客服务……顾客都是能感觉到的，并给予负面的或正面的反馈，且通常以跑单或成交的形式呈现出来。

有一次，我在香港海港城帮朋友购买化妆品，在一个化妆品专柜的过道上站了还不到 10 秒钟，有个店员就过来撵我走。她可能通过我的穿着打扮判断出我不是目标顾客，冷冷地说："先生，请不要站在过道上！"听了她这话，我顿时没有继续浏览商品的兴致了，觉得非常晦气，竟然碰到这样的店员了！

于是去了隔壁一家专柜买了化妆品。

还有一次，我问一名化妆品专柜的店员："请问，资生堂专柜在哪里？"

店员没好气地回答："对不起，我们这里不是咨询台！"

其实，我自己找，很快也能找到。原来资生堂就在这个店对面10米处，她只需要用手指一下即可。而我们较少到香港来，有时候确实是晕头转向的。

这家店，以后我是再也不会去了，现在想起来还觉得不爽！

当然，香港很多店的服务也是不错的，像G2000的店员就很友善、热情，我也在G2000买过几件衬衣。

友善、热情的服务态度，往往会促进成交。

再来看看山东诸城王素素的分享：

1月3号开门没几分钟，成交了两单，我心想，今天开门顺，心情很好。

之后来了两位大姨看裤子，我一边帮大姨选裤子，一边同她们聊天，知道两位大姨是乡镇来的，不舍得花钱。我帮两个大姨各选了一条比较实惠的，有一个大姨穿上之后，我说："大姨穿得真适合，看体形我也想给我姥姥买一条。"大姨哈哈大笑说："你是个孝顺孩子。"另一个大姨看着这个大姨穿得不错，也赶紧试穿了我帮她选的，正好合身，两位大姨很高兴。成交之后，第一个大姨握着我的手，我觉得很温暖。闲聊的时候知道两位大姨的儿子都在外面上班没时间经常回去。我说："大姨，要理解现在奋斗的年轻人，要不然您们就把上身也买了吧，正好有特价的。"两位大姨说好，然后围在特价羊毛衫的车旁，让我帮她们选。

因为两位大姨的人气，这期间就开始陆续来人了，帮她们选好后，又卖了10件特价的，虽然都是特价的，但是我觉得有了人气才会来客，有了耐心和感动才会成交。

我永远不会忘记那个大姨握着我的手的温暖。

王素素没有华丽的语言，也没有高大上的销售技巧，但是她为顾客着想，帮顾客挑选实惠的衣服；她还说"大姨穿着真适合，看体型我也想给我姥姥买一条"。这句话其实是尊重顾客，没把顾客当成农村人，一下子拉近了彼此的距离。

如果你觉得王素素的分享不足以说明问题，那么请再看山东诸城王磊的分享：

昨天，有一位老顾客过来找我买购物卡，他对我说："妹子，来500块购物卡。"

我说："好。"就领着他来到服务台。

因为我们充值1000块才记账，我就说："哥，我要500百，这500百给你。"

他说："你要干吗，都给我吧，我都用了！下次再找你买啊！"

我说："谢谢你大哥！"大哥说："不客气！"

就这样给顶了1000块的任务。

老顾客是来捧场的，可是充值1000元才记账，才算是完成业绩，这位老顾客只充值500元，并不能算王磊完成的业绩。王磊没有直接说出来，毕竟人家专程过来捧场，不能让人家感觉花了钱还没有帮上忙。她怕再次麻烦这位捧场的大哥，所以自己购买了500元购物卡。这位大哥则是帮忙帮到底，又拿出500元把王磊刚才购买的购物卡买走了。

王磊朴实无华的内心，大哥是能够感觉到的。

河北邯郸某鞋店店长吕文红深有感触地说："只要我们用心服务，顾客是能感觉到的！"以下是她的分享：

前几天，有一对情侣去我店里买鞋！一进门我就打招呼！

男孩问女孩："就这个姐吗？"

女孩说："嗯嗯，是，就这个姐姐！我前一段时间来看鞋，299元，嫌价位高！她这里不还价！没买！忘记是哪个款式了。"

我说："是不是这款正装的？"

男孩说："是，就这双吧！原本一直想过来，实在没时间，女朋友说过好几次了！"

那次，我帮她们擦了好几双鞋，还有杯水服务。

最后他们说："刚过来这里，再（去其他店）看看，没合适的再回来。"说完就走了。

我有种感觉：她还会回来拿这双鞋！结果前几天，真的回来了！

女孩说："走了好几家店铺，都没有你服务好、热情。"她说，怎么也得把这双鞋拿了！于是过了几天又从临漳专门过来买这双鞋！

我心里可暖了！只要我们用心服务，顾客是能感觉到的！虽然一开始没成交，但是我很清楚地记得顾客的样子！后来才知道她是为他买结婚鞋，于是我给他们两个送了祝福语，加了微信，并发了 1.88 元红包，说："这是我的一点心意。"顾客没有收，说："我们以后是朋友，红包绝对是不能收的！有祝福语就够了。"

时时为顾客着想，多点微笑，多点礼貌，多点耐心，多点真诚，尤其是成交后往往应顾客的要求从仓库再拿一件新的出来，这时多帮顾客确认一下尺码是否有误，检查一下衣服的质量问题，皱的地方主动帮熨烫一下，这样，不仅成交率会提升，顾客的回头率也会提升。

我们怎么待顾客，顾客就会怎么待我们。

来看看导购党彩娟的分享：

前段时间，有位大姐看中了一件 59 元的马甲，我给他介绍了咱家的充值，说充 500 元就送她，看得出她也觉得很优惠，也想充，但她说带的钱不够，说着把钱都拿了出来（我感觉是都拿出来了），只有 420 元，我就对她说我给她垫上 80 元，加我的微信，你回头还我，大姐说她不会微信，她说她老公有，我就把我的微信号写在了票单上。

中午我下班了，大姐把钱送到了店里，我不在，她给了王姐，第二天大姐专门来问我钱收到了吗？我说收到了。

说真的，特别感动，我也没想到她会那么快送来，而且还跑来问我收到了吗。那一刻我特别感动，我们用心了，顾客也会感动的！

为什么党彩娟会帮顾客垫付80元？我想，并不是因为党彩娟多富有，而是因为党彩娟有自己远大的梦想，并在工作上追求进步，现在愿意舍，日后才能得。

如果你的目标只是熬到下班时间，自然不会自己垫付80元。但如果你有远大的梦想，那么你会为了业绩脱颖而出而舍弃个人的一些利益，通过顾客的认可，业绩的提升而收获更多，包括但不限于上级领导的认可以及工作本身带给你的快乐与成就感，你晋升与加薪的概率也会大大提升。

3. 做销售就是做服务

很多店员认为自己就是来卖货的，怎么还要做一些服务呢？以前，商品相对短缺，只要开店，就不愁生意。但是现在服装同质化严重，竞争激烈，如果仅仅抱着卖衣服的心态，那么顾客可以在实体店买，也可以在网上买；可以在你家店买，也可以在另外一家店买。如果我们的服务好，就会吸引更多的顾客来店选购。

新零售下，服装店卖的不仅仅是衣服，更是感情，我们要把衣服和感情打包卖。而感情主要通过服务来表达和输送。

我们来看看下面这个案例：

他刚开始进来说看看，天太热，就倒了一杯水给他。聊天过程中他告知我们说：平时都是在某某男装店买的。当时我就叫店里美女跑出去买了一瓶冰可乐递到他手里。他说我们太热情了，最后成交了5连单，加了店铺微信，注册了会员，走之前还把一瓶纯净水放到他的购物袋里，相信他以后肯定是我们的回头客。

相反，某次香港的经历却让人很不爽。

因为当时购买的东西较多，提在手上不方便，想把这些东西用一个大购物袋统一装起来。

刚好经过一家服装店，这家的购物袋有特大号的，我想买一个。

店员说："不能单独卖。"

我想：可以协调，在其他顾客埋单时顺便多卖一个购物袋给我呀；而且特殊情况也可以送一个给我呀；或者自己买一个送给我呀。

下面我们来看看某店员的分享：

【温馨服务，客人自来】

那天中午，店铺里淡场，但这个时候路上行人很多，店员分批上文化东路截流。

我遇到了一位从东北坐车过来看在这边上大学的儿子的父亲，当时他比较急，问我哪里有卖运动装的。

我就跟他说我们店里有活动，可以进店选选。

顾客到店里，本来是要选一件外套，后来因为店里正好有买 2 送 2 的活动，累加 1388 元以上送拉杆箱一个。他心动了，就打电话叫儿子过来。

在等他儿子来试衣服的时候，我给他倒了杯水，聊聊东北的特产啥的增进感情。

他儿子来后试了一套，他自己又加了一条裤子。后来为了凑 1388 元送拉杆箱，一人又挑了一双鞋，这样算起来，一套衣服的钱，买了两套，还送品牌专用的拉杆箱，可以给他儿子用。

结完账他还需要取点现金，因为他是从东北来的，不知道这边银行怎么走，于是我拿着购买的东西带他们去银行取现金，并把他们送到公交站点才回到店里。

后来，他儿子经常带同学过来买衣服。

下面再来看看福建漳州某店长的分享：

7 月份的某一个下午，有位穿得特别随意朴素（给我的第一感觉像是闲逛的哈）但事情很严肃的顾客走进来，我微笑着走到顾客面前，我看那顾客额头有汗，就递上纸巾，引导马上过来泡茶，顾客看我们这么热情就笑着说：走了这么多家属你们家服务态度最好，就坐下来聊天了。

我便跑出去买了碗四果汤端进来，当时顾客的反应就是：这么晚了你还没吃饭啊？我说：吃好了，天气这么热你吃碗四果汤解解渴。顾客很不好意思，一直推说不用什么的，在我和同事的劝说下他吃了，吃完后他就起身走向店门口（我心里想估计他是不好意思要走了）。

过一会儿，他回来了，说：钱包放车上没拿下来。

他跟我们说：每当穿这身进店，很多导购都以为我不会消费，总是摆着个脸色给我看，我是第一次进你们这个店，我感到很开心。

顾客最终买了 6 件商品，总金额 4872 元，10 月 29 号又过来找我买了 2266 元的商品。

电商是用"价格"逆袭的实体店，现在实体店需要用"服务"扳回一局！

我们来看看实体店用服务打败电商的案例：

【女鞋店优质服务促销售】

昨天我们遇到好几个顾客，都是拿着手机，看着我们家的鞋，在淘宝上搜价格。

我们店员看到了，开始没说什么，后来顾客在一款新款面前停下来看着，店员面带微笑介绍了一下鞋的款式、材质和优势。

顾客还在看淘宝同款（价格差异挺大的），一点都不理睬我们店员，显得极不耐烦。

我走过去说："美女，这款挺适合您的气质的，这双鞋能搭配您好几套衣服！今天您穿的衣服挺有气质的，来这边坐一下，我给您拿双新的，您试穿一下！"

试了之后，顾客很直接地说："鞋我很喜欢，就是价格贵了，淘宝才多少，你们多少。"

我听了就说："美女，我们给您呈现的都是实物，您可以试穿挑选，任何质量问题都是看得出来的，虽然您觉得我们价格贵，其实很划算的，现在您在皮革护理店打理一双鞋一次都要50元，遇到下雨天就不止打理一次了——但是您只要是购买我家的鞋，随时随地可以送过来免费保养和打理的，这样您就会每天穿着新鞋了……"

顾客听了说："真的这样吗？那我再挑一双吧……"

然后顾客愉快地埋单了，两双！

其实有时顾客再过来打理鞋时，会在店里看看其他款，无形中增加了销售。

为了能给顾客提供优质服务，我们店铺员工应该少玩一会手机，多学一点必要的技能。

4. 服装店服务的八个层次

服装店的服务有八个层次，即恶劣、不雅、冷淡、一般、压力、轻松、感动、亏欠。

第一个层次：恶劣。有的店是员工偶尔态度恶劣，有的店却是长期态度恶劣。如果是长期态度恶劣，那么离关店不远了。

在福建某县，有对姐妹到一家个体女装店买衣服，姐姐试穿了一件貂绒大衣，妹妹说显得太肥了，于是姐姐没买；后面姐姐又试穿了一件双面呢大衣，妹妹说姐姐个子矮，不太适合穿，姐姐也脱下来了。这时候，店老板已经忍不住了，大声嚷嚷："你自己买不起，不要搞破坏！"于是姐妹俩灰溜溜地跑了，再也不敢光顾这家店。

第二个层次：不雅。常见的就是在卖场吃酸辣粉、油条、嗑瓜子，更有甚者，在卖场吃火锅、喝酒！这些不雅行为，代表了员工服务态度的不专业，不仅衣服卖不起价格，顾客也会反感。

对此，鄙人的建议是：营业期间请勿在卖场有不雅行为。可以在店外或者仓库吃饭，实在条件不允许，自己走不开，宁可晚一点吃饭，先把顾客服务好。

第三个层次：冷淡。例如，在卖场翘起二郎腿、玩手机，员工对顾客摆出一副爱理不理，爱买不买的态度。这些情况，可能是因为员工长时间工作，且多次推介货品而失败，导致员工信心丧失；也有可能是因为内部管理出了问题，员工失去了积极性，在卖场混时间。

第四个层次：一般。员工正常销售，正常接待，顾客有要求，能够予以回应。顾客如果说不想买了，员工也不大会争取，而是放弃。

以上四个层次的服务，也会有顾客购买，但是更多的顾客不会买。

第五个层次：压力。店里有相应的服务措施，但是顾客感觉到了压力，不敢轻易接受服务。例如，虽然店里有泡茶区，但是顾客不敢泡茶，怕喝了茶不买衣服不好意思。又如，给顾客递水，顾客不敢接，或者不好意思接。

很多时候，我们自己的压力太大，想做销售的欲望更大，所以往往导致顾客的抵触，有时候不以销售为目的的服务与销售，反而会使我们取得更好的销售业绩。

第六个层次：轻松。为顾客提供无压力的服务，绝大部分顾客接受店里提供的服务，现场氛围很轻松、很融洽。

能够达到轻松的服务层次，成交率是很高的。

第七个层次：感动。服务到感动顾客，顾客被感动了，不仅现场的成交率很高，顾客的回头率也很高。

在浙江的安吉某男装店，有位帅哥进店，想买裤子。等他换了新裤子，穿着试衣间的拖鞋出来照镜子时，我让王金燕店长去试衣间拿了帅哥的小白鞋，蹲下来为帅哥擦鞋。后面帅哥看到后，有点惊讶、感动。王店长擦得很认真、仔细，鞋油也打了3~4次。这时，帅哥还在试穿其他裤子。王店长又把帅哥的小白鞋的鞋带解下来，由另外一名同事拿到2楼洗水池洗涤。鞋带洗干净后，又用电吹风帮忙吹干。这时，帅哥非常感动，当即埋单了。

下面我们来看一个优质服务的案例：

有位女顾客约50岁，是这家店的老顾客。

她进店后，店员立即倒上酸梅汤，她接过酸梅汤，开心地喝。

接下来，店员拿出护手霜，给她保养手。

保养好手后，又给她的手做摩。

接下来，该顾客起身试穿衣服，店员又给她扇扇子。

衣服选好后，店员又给她按肩膀，一按就是 20 分钟。

如果你是该顾客，你会感动吗？

第八个层次：亏欠。通过优质服务，超越顾客的期望值，让顾客产生亏欠感。例如，有些店员会给顾客按摩肩膀，一直按到顾客不好意思为止；又如，顾客离店后，忽然发现购物袋里多了一瓶饮料，或者一个红包，红包里还有 10 元钱，这时候顾客就会非常开心，心里不好意思甚至产生亏欠感；有的店还推出了擦车服务，只要顾客骑电动车或开小车过来，都会帮忙擦一下电动车的座椅以及小车的挡风玻璃，顾客看到后往往会很感动，有的甚至因为没买而不好意思，有的可能因为刚才在店里讨价还价而不好意思，从而产生亏欠感。

邢琳分享：

我已经让一个顾客产生亏欠感了。

陪同这位顾客的有她的妈妈和儿子，她妈妈讲价，我说："姨，这都是调价的，真的降不了，你就不要难为我了。"正好她儿子哭，不让妈妈试鞋，她问儿子怎么了，儿子说："想喝奶。"因为快成交了，我没好意思去买，等成交之后，我抓紧到"天天美食"店买了一瓶酸奶（有点小贵）给顾客。她妈妈付完钱回来说："多不好意思。"我笑着说："姨，价格真降不了，但是小孩子喝奶我还是能请的。"

顾客产生亏欠感后，往往会帮我们介绍他们的朋友来购买。

下面我们来看看这个案例：

【让顾客感动，甚至产生亏欠感】

晚上进来三位顾客，爸爸、妈妈和一个十五六岁的女孩子。

女孩和爸爸直接坐下了，妈妈漫无目的地看着我们的鞋子。

给她介绍了中粗跟鞋子，她说太矮了，介绍别的款式又说太女性化，细跟的又说太细了。粗高跟同意试试，感觉一般，但也不是特反感。

她说："我家里还有很多类似的鞋子，不差这一款，我知道适合我，但是家里有。"

搭档徐庆过来续杯。

男士和他女儿坐在那里玩手机。

我跟男顾客说："反正坐着，你这双鞋子我可以帮你护理一下。"说着，拿了一双我们的男士鞋给他换穿。

刚开始他是拒绝的，他特别不好意思地说："不用护理，不用护理了。"

我直接把他的鞋子拿到了收银台里面，开始给他认真地擦鞋。

他也没说什么。

一边给他擦鞋，一边跟他说："哇，你这鞋子很贵吧，这个皮子很好的，里外都是真皮的。"

他说："是的，花了1000多。"

我回应："好鞋子就是不一样。"

护理好鞋子后，她老公穿上我擦好的鞋子，老婆和女儿开始往外走。

男顾客说："真不好意思，有喜欢的就买了。"

徐庆说："没关系的，没关系的，希望下次的新款有你喜欢的。"

接着男顾客用很不好意思的眼神看着我："不好意思，我们只能下次来买了。"

我也忙回应："没关系，没关系，欢迎下次再来。"

把顾客送走后，我们俩说，他们真想买我们的鞋子，可惜没有喜欢的。

边说边开始收拾鞋子。

三分钟以后，刚才的顾客又回来了。

男顾客兴致勃勃地说："帮我把那双鞋子包起来。"说完走到收银台，拿出现金开始埋单。

他老婆有些不情愿地提着鞋子，并且小声嘀咕说："我真不太喜欢这双鞋子，但是我老公喜欢。那好吧，就穿给他看。"

送走顾客后，我和徐庆说，是不是觉得这一单比大连单还要有成就感？

这是我们的服务感动了顾客，让顾客产生了强烈的亏欠感。买鞋是对我们的感谢吧！

往往这样的小单一直都忘不了。

服务在于细节，量变到质变

我们来看看下面这个来自重庆某店的案例：

"欢迎光临特步，左边是男装，右边是女装。"

"帅哥，今天天气很冷，先坐一下，我给你倒一杯热水，先暖暖手。"

我负责主攻销售，另一个同事帮忙（辅销）。

我一边给顾客端茶倒水，一边跟顾客非销聊天，了解到客户想出去玩。

于是我拿了一款今年特步主推的烽火鞋及黑色套装让顾客试穿。

顾客穿好衣服后我帮他整理服装细节，帮他整理好衣领，把衣服整理顺，同时赞美他穿出来的整体效果清爽帅气，"你眼光真好"，并阐述了服装及鞋的 FAB，鞋子是科技鞋，穿着舒适且耐磨防滑，卫衣是我们的三重锁热科技，非常保暖，颜色是黑色，冬天冷，见到黑色，就感觉很温暖。顾客去埋单时，我又让他带了一个帽子，89 元，合计 6 件，1306 元。

我问："帅哥，你是穿着走，还是我帮你打包好？"

他说："直接穿着吧。"

而在另外一家运动品牌店，有名店员在玩手机，有名店员抱胸看着卖场，有名店员目光呆滞地看着街上人来人往——与上面那家特步店的细节服务形成了鲜明的对比。

服务，不是说给顾客倒一杯水就会成交；也不是说给顾客擦一双鞋就会成交，但是如果我们倒了 1000 杯水，擦了 1000 双鞋，那么，从概率上来说，量变是会发生质变的，能够大大提升业绩。

服务不能搞形式主义，而要走心。如果没有走心，倒水又有什么用呢？顾客也能感觉到我们在搞形式主义，不会买账的。

5. 服务是高级的销售技巧

服务是高级的销售技巧，但服务不是靠忽悠，不是靠耍嘴皮子、软磨硬泡。

说不如做，既要会说，更要会做，如不会说，那你就做。

我们来看看浙江湖州吉莉的分享：

昨天下午，顾客不是很多，同事小星在接待一对姐妹，姐姐是老顾客。

姐姐试穿了很久，小星见气氛还蛮融洽，于是向她介绍店里的充值活动，姐姐如果充值2000元可以享受较大优惠！

"我今天没带那么多钱，不充值了。"她脱下身上穿的套装说，"累死了！"

小星把她拉到休息区，让她坐下，先是给她们倒了饮料，然后给这位姐姐按摩肩膀。按了一会儿后，姐姐感觉特别舒服，于是小星跟她说："以后逛街逛累了，可以进来喝杯水，给你们按摩，我学过一点点的！"

接下来，她们聊得很愉快，过了一会儿姐姐说："好，充吧！"起身很爽快地刷卡2000元！

其实她们之前说没带那么多钱不是真的没带，而是看我们意志够不够坚决，服务够不够耐心。多一点服务，我们就感动她了啊！多说一次，我们就成交了啊！我们是否用心，其实她们能感觉到的，所以拿出我们最好的服务面对顾客吧！不是说你服务的每个顾客都能成交，但是从概率上来说，可以通过服务大大提升成交率。

不努力、不付出你永远不知道能不能成，但是我们努力过、用心做了，就算这次不成交，相信她们也会记得我们的用心服务的，说不定下次就是你的回头客了！

一个衣架引发的思考

有一次，我在福建石狮某运动品牌店选了3件衣服，约1000元。埋单时，我突发奇想，希望店员送我一个衣架。

店员说："不好意思，衣架不能送，这是公司的规定！"

我的要求被简单、直接地拒绝，心里很不爽，就跟店员说："把你们店长叫过来！"

店长来了之后，并没有站在我这边，于是我们争吵起来，越争吵，店长越坚持，她好像怀疑我是竞争品牌的人，要衣架回去模仿。

最后，我一气之下，没有埋单，拂袖而去。

这个店长为了一个几块钱的衣架，1000元的业绩也不要了。我觉得，该店长的服务意识有待提升。

有一次，我去香港中港城某店选购T恤，该店有很多奢侈品牌的T恤特价出售。

我看见一件阿玛尼的特价T恤，款式挺喜欢的，而且是2折出售。等我把衣服取下来，正兴致勃勃地准备试穿时，突然走出一个店员说："先生，不要试穿！"

我一下子蒙了，问她为什么。

她说："这是公司的规定，3折以下的衣服不能试穿！"

听了她这话，我的心情一下子糟糕透了，第一反应就是：这家店歧视我们内地的顾客！

从此以后，我再也没有购买这家店的衣服。

我们很多店铺经常做着让顾客望而却步的事情。例如，叠着的衣服不让顾客试穿（只能试穿旁边挂着的衣服）。有些顾客表示对这个规定不能理解，不仅不试穿挂着的衣服，更不会购买，甚至发生投诉。

某顾客10月25日致电某品牌客服，表示其当日一早带着朋友前往购物，在挑选商品过程中，觉得摆在展示位的衣服（叠着摆在层板上）不错，便伸手去拿，但遭到店员小姑娘拒绝，店员表示要买就买，不能随便触碰叠装。顾客对此非常生气，表示10多年的老顾客，无法忍受如此的服务，要求辞退此员工。

经向双方了解情况，员工反映多次跟顾客讲叠装旁边有挂样，顾客则表示员工不让看叠装很不满，然后指责员工服务态度有问题。

后面客服代替该员工给顾客道了歉。

对于店铺而言，有些款式既有叠装也有挂装，顾客试穿挂装时就不用再叠一次。但是，这只是站在店铺的角度。

站在顾客的角度，他也许并不知道你店里的叠装不能试穿，更不知道叠装旁边还有挂装出样。当你阻止他试穿叠装时，可能就已经激怒了他，接下来不用说成交了，不吵架就是好的。

其实，只要顾客方便、开心，我们辛苦一点也没有关系，多叠几次衣服，多倒几杯水，多陪顾客聊天，多擦几双鞋，又有何妨？！

我们来看看浙江慈溪坎墩镇费松如是如何为顾客服务的。

有一次，某中年顾客骑着电动车来到费老板的店里买裤子。只见他的牛仔裤整体质量挺好挺新的，但是右膝盖处磨破了。费老板给他选了条裤子，他挺满意的。

他准备走的时候，费老板说："我这里针线以及衬布什么的都有，你稍坐一会儿，帮你缝补一下，省着穿还能穿好久的。"

顾客很满意，感激地说："原本是打算买新的，直接扔掉这条旧的！"

用心服务好顾客，顾客是能够感觉到的，不仅满意度会大大提升，更会成为我们的回头客，还会帮我们转介绍，带新的顾客前来购物。

下面是山东临沭某鞋店刘建香的分享：

这个三联单是前天晚上一位来过的哥哥买的。

他当时在商场逛超市，后面逛到我们专柜，然后我热情地接待了这位哥哥。先是给他倒茶，然后又给他护理皮鞋，他觉得很意外，也很开心。

他说自己就喜欢买鞋子，也没有多少其他购物的爱好，连衣服都不怎么买。

我高兴地为这位哥哥提供细心的服务，耐心地帮他挑选适合的鞋子，后面给他选好了一双半靴，他很喜欢，可是他又说："我要拿两双，能便宜吗？"

我说："只要你入了我们家会员，就可以有会员价。"

这位哥哥说："那好，我再给我老板选一双。你家有没有特大码的？"

我随手选款特大码休闲鞋给他看了看，他说："那好，我拍给老板看一看。"

随后他就用手机拍了，用微信发给他老板。他老板看了，挺喜欢，说："等改天自己过来试吧。"

"那我这双也不先拿，等我和老板一起来拿。"这位哥哥说，"你放心，你的服务态度这么好，我一定会来拿鞋的，我加你的微信，你不上班我们不来拿。"

这不，今天他真的带着他老板一起来了，一看见我就说："我专程把我们老板带来了，感受你的服务到底好不好！"

我立即给两位哥哥倒了水，他老板说："你的服务确实不错啊！"

随即，我就给两位哥哥细心护理鞋子。

他们都夸赞我，并把前天晚上看好的两双鞋直接开单，他老板还给朋友选了一双特价鞋，并说："你的服务这么好，再多选一双，我们以后还要找你买鞋子。"

我们的服务真的很重要，只要你用心，顾客都会为你点赞。

下面是某鞋店店长的分享：

这位哥哥是今天第一位进店试鞋的，一进店我就热情地给他端上一杯温水，这位哥哥很高兴地说："你这样我都不好意思试鞋了。"

我开心地说："哥哥来到我们家就像回到自己家一样，你不要不好意思。"

　　说着，给他护理了鞋子。

　　他更不好意思了，说："我转了一早上了，就你们家服务这么好。"哥哥还说："服务最重要，就冲你服务这么好就拿了！"

　　真的，哥哥的这句话提醒我：我们的服务最重要！

　　现在越来越多的顾客在购物时有主见，不喜欢导购的硬推销。而服务可谓是一种无形的、温馨的软推销，朴实无华，效果却是相当地好。

第二部分

服务销售三部曲：
售前、售中与售后服务

1. 售前服务提升有效进店率

如果把服务拆分的话，可以分为售前服务、售中服务、售后服务。

售前服务包括但不限于良好的店铺装修形象、商品陈列形象、员工形象及精神风貌等。

店铺形象需要与商品的风格、档次相符合，不能大相径庭，这样你的目标顾客才能准确判断这个店的商品是否符合自己的购买需求及购买力，进而思考是否进店，以及进店后是否购买。

首先，店铺形象需要与商品风格相符。例如，中性休闲品牌，不能给人运动品牌的形象。有一次，我去台州温岭考察市场，有个老板接手了一家运动服装店。接手后，他改做男装，并在杭州四季青置地国际男装批发市场拿货。为了节省费用，门头还是沿用以前那个运动店的招牌。我在他店里坐了近一个小时，基本没人进店。有的顾客看了看门头，又看了看店里的衣服，最终还是没有进店。即使进店，成交率也不高，因为很多顾客以为店里卖运动或休闲装，可进店详看时，发现是卖男装，并非自己当下的需求。

其次，店铺形象既要与商品档次相符，而且最好比商品档次高一些。

中高档品牌，不能给人感觉是农城乡结合部市场货的档次和形象。

正价销售时期，不能陈列成减价、特卖、清仓形象，这就要求我们及时把过期的促销海报收起来，把杂七杂八的道具、纸箱等收到仓库，把商品陈列整齐，保持卖场的干净整洁等。

当然，平价或特价店，也不宜给人高大上的感觉。在很多城市，要想使顾客产生特价的条件反射，必须在店门口放置几个花车，花车上的衣服不能叠得太整齐，而是堆得既高又稍微有点乱。减价特卖清仓期，可通过堆货、花车、减价 POP、吊旗、横条幅、地贴海报等，营造减价特卖清仓形象，而不宜陈列成正价形象。不然，很多消费者还不知道店里在特卖，以为还在正价销售呢。

现阶段，终端零售店存在的一个重要问题是：形象档次配不上价格。

例如，1600元一套的西服，从店铺外面看起来是800元的档次。顾客根据店铺形象而产生的预期价格是800元，进店一看吓一跳：1600元！怎么这么贵？！在这种情况下，经常出现顾客讨价还价乃至干脆不买的情况。

但如果你的店铺装修比较高档，给人的感觉是2000元一套，但进去一看，"哇，也才1600元嘛，买得起嘛！"这样的话，能够提升成交率。

我的建议：如果条件允许，店铺形象该整改换新的，就要整改换新了，换上最新最流行的店面形象；店铺局部形象比较差的，也要局部整改，例如，门头、招牌、收银台、电脑等，该换新的，就要考虑换新的；没电脑的，建议装上电脑，显得有档次，哪怕暂时用不着电脑；如有休息区，可以买一些高档一点的茶几、沙发椅等，给顾客营造一个良好、舒适的购物环境；有的乡镇服装店销售时不开小票，虽然可能会减少一些售后的麻烦，但是要想做强做大，还是得逐步规范化、正规化，在顾客埋单时开具小票，这样，在顾客眼里显得更加正规、上档次，商品也卖得出高价格，利大于弊。

顾客第一眼看到店铺时会产生一系列条件反射，如看到一些量贩休闲品牌的堆货式陈列，会产生价格便宜的条件反射。那么，量贩休闲品牌如果像高档品牌一样陈列（货品相对较少，叠装少，配件如包、鞋等点缀较多），势必导致很多陌生的目标顾客以为其商品价位很高，超出自己的购买力，从而不敢进店，而敢进店的顾客又嫌价格低没档次。

总之，陈列必须让顾客产生正确的条件反射，49元价位的商品不能陈列成249元的档次，但是可以陈列成79元的档次；当然，249元的商品更不能陈列成49元的档次。

节假日则需要通过红地毯、充气拱门、鲜花、赠品、水果饮料点心以及各种促销海报等营造节日的形象和氛围，提升进店率及成交率。

另外，作为服装店的员工，需要给顾客提供整洁舒适的购物环境。

有一次，我到一家知名男装品牌专卖店买西裤，该品牌的西裤质量、版型都挺好，当时又是在搞促销活动。裤子选好了，想拿一件上衣搭配一下。

结果店员拿上衣时，一窝蚊子飞出来，吓得我整个人浑身起鸡皮疙瘩。经进一步了解，原来洗手间就在店后面，平时也没有意识灭蚊子，久而久之，店员就习以为常了。

为顾客提供整洁舒适的购物环境，就要求店铺：

（1）整体整洁明亮。

（2）地板干净。

（3）货品、货架、层板干净。

（4）试衣间干净。把试衣间的纸屑、别针、蜘蛛网、毛球及时清理干净。

（5）收银台干净整洁。很多收银台是顾客在店外一眼便能看到的。有的员工会把早上没喝完又舍不得扔的豆浆、未吃完的油条、葱油饼等放在收银台，有的甚至把瓜子放在收银台。这样都会引起顾客不同程度的反感，无形中降低店铺的档次。

（6）东西不乱摆放。

以下几点是我在巡店过程中经常发现的问题，包括但不限于：

①模特鞋、地面灰尘较多需清洁。

②卫生死角太多，影响形象。

③试衣间通道堆放箱子。

④卖场经常发现到货的纸箱子。

⑤仓库杂乱无章。

各位可以对照5S要点检查店铺是否做到位。5S要点可以贴在仓库等处，让店铺同事共同学习，关键在于在店铺持续执行。

5S起源于日本，是指在生产现场中对人员、机器、材料、方法等生产要素进行有效的管理，这是一种管理办法。5S指整理、整顿、清扫、清洁、素养5个方面。

（1）整理的要点：首先把要与不要的人、事、物分开，再将不需要的人、事、物加以处理，对生产现场的现实摆放和停滞的各种物品进行分类，区分什么是现场需要的，什么是现场不需要的；其次，对于现场不需要的物品，诸如用剩的材料、多余的半成品、切下的料头、切屑、垃圾、废品、多余的工具、报废的设备、工人的个人生活用品等，要坚决清理，这项工作的重点在于坚决把现场不需要的东西清理掉。对于店铺里各个区位或设备的前后、通道左右、仓库上下、工具箱内外，以及卖场的各个死角，都要彻底搜寻和清理，达到现场无不用之物。

（2）整顿的要点：

①物品摆放要有固定的地点和区域，便于寻找，消除因混放而造成的差错。

②物品摆放地点要科学合理。例如，根据物品使用的频率，经常使用的东西应放得近些（如放在作业区内），偶尔使用或不常使用的东西应放得远些（如集中放在车间某处）。

③物品摆放目视化，使定量装载的物品做到过目知数，摆放不同物品的区域采用不同的色彩和标记加以区别。

（3）清扫的要点：

①自己使用的物品，如设备、工具等，要自己清扫，而不要依赖他人，不增加专门的清扫工。

②对设备的清扫，着眼于对设备的维护保养。清扫设备要同设备的点检结合起来，清扫即点检；清扫设备的同时要做设备的润滑工作，清扫也是保养。

③清扫也是为了改善。当清扫地面发现有飞屑和油水泄漏时，要查明原因，并采取措施加以改进。

（4）清洁的要点：通过对整理、整顿、清扫活动的坚持与深入，从而消除发生安全事故的根源。创造一个良好的工作环境，使职工愉快地工作。

（5）素养的要点：努力提高人员的自身修养，使人员养成严格遵守规章制度的习惯和作风，是"5S"活动的核心。

如果做到了 5S 管理，我们的店铺就会呈现以下效果：

①卖场整洁时尚，笑迎八方客，提升进店率。

②卖场货品摆放整齐，让顾客一下找到心仪的货品。

③顾客看到试衣间如此舒适，增加"进去试穿一下吧"的欲望。

④仓库货品井井有条，为顾客找货都容易很多啦。

⑤收银台整洁有序，标识清晰，拿取方便，效率提升，财神都愿意光顾啦！

此外，精神风貌及形象良好的导购也是店铺形象的一个重要组成部分。

旗舰店或者重点形象店一般要求员工整体形象更好。

有一次，我在济南动物园附近的银座商场考察市场，看到一家男装专柜的装修还不错，走到门口时，却看到店员站在收银台剥柚子吃。她看到我进店后，立马把柚子放在收银台，帮我拿衬衣试穿。她可能以为自己反应快、动作迅速、热情服务，而我却想着她的手指甲里面该还有柚子汁，老实说，这种感觉并不太好。

相反，江苏靖江的某欧货男装店显然更加注重员工形象并得到了实惠。丁老板高薪请来一位美女，身高165厘米，身材匀称，气质像空姐一样，与这家店的高端形象相得益彰，不仅有效地提升了目标顾客的进店率，同时，美女似乎对于进店的男性顾客有一种镇静的作用，顾客进店后，多半能静下心来并有耐心地听她推介商品。由于该美女导购的工作相对比较轻松，且工资较高，所以该美女导购在这家店工作了好几年。

有些卖皮衣的老板认为，店里要配2名美女，一个班次一名，以此匹配皮衣的高大上形象。

为了提升员工的形象，有的老板会让员工参加形体培训。通过形体培训后，员工往往变得更加自信。

员工形象不仅指外表，更指员工的精神风貌及肢体语言。

有的员工很漂亮，却表情高冷；有的员工平时不注重细节，可能会造成顾客的反感。

有一次，某店员为我搭配衣服，大家聊得很开心。忽然，打了一个哈欠。打哈欠也就罢了，她竟然不用手遮住。这种不雅行为让我很不爽。

总体而言，店铺对于员工形象有一些基本的要求：

①妆容自然，面带微笑。

②制服和工牌整洁、发型指甲符合要求；没有统一制服的服装店，也需要相对统一。不能你穿裙子，我穿裤子，她穿短裤；你穿拖鞋，我穿运动鞋，她穿皮鞋，这样的话，像游击队，给顾客感觉不正规，商品价格也卖不

起来，成交率也会受到影响。

③精神饱满。

④与同事、顾客说话语气亲切。

以下行为请避免：

①倚靠层板或墙身。

②手插口袋、发呆。

③在卖场玩手机、聊天。

④做不雅动作（例如挖鼻孔）。

⑤频繁照镜子。

⑥在卖场吃东西。

赏心悦目的店铺形象，不仅让顾客感觉到店里的商品更有档次，而且更新鲜、更吸引人，能有效提升目标顾客的进店率，并延长顾客留在店里的时间，从而提升成交率。

售前服务除了以上提供良好的购物环境和员工形象之外，还包括一些优质的服务。我们来看看云南蒙自某时尚男装店老板娘李女士分享的案例：

售前一天——

那是一个大雨天，晚上九点半，雨越下越大依然没有停。门口有一位老先生在躲雨，我把他请进店铺，告诉他，我们还有一段时间才下班，您可以坐在店里等。我给他倒了一杯水，然后假装忙做账，怕他有压力。到十一点雨小了，我给他一把伞，告诉他有空再来还伞，没关系的。

开单那天——

第二天他来了，带着孩子来挑衣服，一单成交 2689 元。

小结：售前服务是种善因，顾客进店与成交是得善果！

2. 售中服务第一步：打招呼/迎宾

根据一个成交顾客的先后次序，售中服务大致可以拆分成五个阶段，即：

（1）打招呼 / 迎宾。

（2）介绍商品。

（3）鼓励试穿。

（4）附加推销。

（5）收银及售后服务。

有的顾客前脚进店，后脚离店，可能还没有机会向他介绍商品；有的顾客可能是帮异性朋友或亲人购买衣服，不需要试穿，或者请店员帮忙试穿一下；有时，鼓励试穿与附加推销同时进行；而收银时也常常伴随附加推销行为。

售中服务的五个阶段都有一些关键的要点，在实际工作中，不一定要生搬硬套售中服务的这五个要点，大家可以灵活运用。根据各店的实际情况，每个人都可以摸索出最适合自己的服务与销售方式。

打招呼 / 迎宾的目的是提升进店率。

打招呼 / 迎宾需要运用语言、语调、肢体语言（例如微笑）等技巧。肢体语言最重要，其次是语调和语言。

语言方面，例如"欢迎光临"，几乎所有的服装店都大同小异。

语调方面，有的导购有气无力，有的则欢快，能感染听到的人。

肢体语言方面，有的导购面无表情、无精打采，有的导购则面带微笑，还有欢迎进店的手势。有的导购看到了老顾客，立马上前热情地拥抱。有的导购看到顾客想进店又不想进店时，会主动上前邀请顾客进店。

长沙开福万达某女装的门迎微笑很有感染力，她们店员不仅微笑，而且她们用炯炯有神的眼睛看着你，你不进店都不好意思；声音也很有穿透力，在周边 20 米范围内都能听得很清楚。这家店每个月业绩排名基本都是商场前三名。

把顾客迎进店铺，才有机会为顾客提供更多的服务。但是，大多数经过的顾客往往不进店。

困扰顾客进店的两大问题是信任和压力

困扰顾客进店的第一大问题是信任缺失。

例如，店铺门口放了一张促销海报"全场 1 折起"，大部分顾客并不会相信你店里真有 1 折的商品，即便有，那也是近似残次品。又如，店铺的促销海报写着"全场 9 元起"，这 9 元的商品可能近似残次品，或者是配件、小饰品、袜子等。再如，店铺促销海报写着"装修前清仓倒计时 3 天！"有时却持续清仓特卖 30 天还不止！

有些服装店经常在朋友圈发布"没有大动作，怎敢惊动您！"或者"出大事了！"其实也就是普通的促销活动而已。久而久之，消费者对这类消息产生了厌倦心理，更不会因此而到店选购。

有的服装店则经常在朋友圈发布"进店送免费大礼包"，结果消费者大老远赶过来，领到的只是一包餐巾纸甚至一个气球，有的还要你加微信或关注公众号才有小礼品。现在，消费者对这类消息早已产生抗体，不为所动了。

消费者一次次被忽悠，一次次尴尬，一次次失望，渐渐地对商家失去了信任。

困扰顾客进店的第二大问题是压力过大。

有一次，我到昆明南屏步行街考察市场，一进入某知名男装店，三名导购立即迎上来，鞠躬 90 度，喊："欢迎光临！"然后她们用昆明话交流："这个分给谁？"她们以为我听不懂，其实我是听得懂的，看来她们是按照个人业绩提成，轮流接待顾客，现在要把我分给其中一名导购接待。我要是不买，她们岂不是很失望？！一时间，我的压力骤增，然后掏出手机，假装接听电话，仓皇而逃。

后面，我逛街逛累了，进入步行街上的一个商场，想找个休息区稍微休整一下。我看到一个女装店的休息区有几张沙发，想过去小坐一会儿。离沙发还有 1 米左右的时候，突然从不同方向走出 4 名导购，异口同声地喊："欢迎光临！"吓得我赶紧离店而去，尴尬不已。

顾客在感觉压力过大的时候，往往会离店而去，离店了，压力也就随之消除了。

顾客往往是"来到店铺，离开压力"。有些店铺张贴有"你微笑时很美"的标语，顾客看到后微微一笑，这样可以有效舒缓压力，放下戒备心理。

不是谁都适合做门迎，导购状态不好时，也不适合做门迎。

有的导购没有笑脸，放不开，站在门口迎宾会制造压力，导致进店率降低。有的导购状态不好时，也不宜做门迎。

当店里空无一人时，顾客一般不会进店。有些商场专柜只有 1 名导购上班，有时出去吃饭，有时出去拿快递，有时去洗手间，经常会出现没有导购看店的情况。这时候，很多顾客是不会进店的，有的怕被怀疑偷东西，有的以为你的店铺今天没营业，有的想，没有导购，进去了也买不了东西，干脆不进去了。

大卖场的入口适当宽敞一点可以提升进店率。有的大卖场货架挤货架，看似充分利用了空间，可是过道太窄，很多顾客不愿进店。尤其是节假日，本来就狭窄的过道上，只要站了人，其他人就不愿意挤进去了。

店铺开门的状态可以提升进店率。相反，有的导购冬天怕冷关着门，夏天怕冷气散出，也关着门，这样很多顾客不好意思推门进店。

没有顾客时，导购们经常喜欢站在店门口迎宾，有时是几个人一起站在门口。当几名导购一起站在门口迎宾时，很容易变成扎堆聊天，这样反而会把顾客阻挡在店门之外。

而忙碌的店员可以提升进店率。没有顾客时，店员要时常走动，让身体动起来，边整理商品，边熟悉价格、面料、尺码、卖点、库存等商品知识，维护一下陈列和清洁卫生等，总之，要让手动起来，让身体动起来。这样，顾客看到的是一个充满活力的卖场，感觉轻松而不是压力，增加进店的概率。

没有顾客进店时，很多优秀导购会到店外截流，把顾客引进店铺。例如，3 月 19 日晚，山东淄博银座商场某男装专柜店长边立芹，见客流较少，去电梯口截流了两位从南方来出差的顾客，两人一共买了 11 件商品！为此，边店长还拿到了公司 50 元的额外红包奖励。

山东高密中百商场九牧王男装专柜的孙爱菊分享淡季引流经验：

对于淡季我们专柜的客流引进是这样做的：

（1）在顾客上电梯的扶梯口摆放我们的 POP 海报支架，让顾客很简单明了地了解我们现在的活动。

（2）从电梯口到我们专柜一路粘贴海报地贴，引导顾客跟着地贴进入厅里。

（3）在专柜播放音乐，声音要大，引起顾客的注意。

（4）门口喊宾，利用手势和肢体动作把顾客引进店。

山东枣庄万达广场某男装店长妍彦分享新店引流经验：

新店开业时间：6 月 29 日。

新店开业地点：枣庄万达。

开业因顾客较多，我们选择引流的方式是：

（1）用音响循环播麦说明活动。

（2）同事扮演小黄人分发气球。

（3）人肉截流：两人一组，找出主客流方向，主客流方向由西向东，将另一路口截窄，用手指方式引流入店。因开业活动客流较大，人员方面，我们做的是店铺人员流转补位，所以没有固定引流人员。

福建光泽某鞋店导购丁芬的引流分享：

我在门口迎宾时，听到两位路过的顾客的对话，她们想要买双小白鞋。

我就走过去叫住她们，说："我家店里有很多小白鞋。"

她们高兴地进店了，并买了双特价的小白鞋，我也非常开心。

很多农村来城里购物的顾客，尤其是一些年纪较大的叔叔和阿姨，他们不够自信，特别需要我们主动、温馨、热情地招呼进店。

下面是广东佛山某内衣店店长陈春丽的分享：

昨天，有一位大姐站在我们店铺外面看，有点胆怯不敢进来。

我们家花花看到了，就出去把这位大姐领进来，然后杯水服务。

大姐感觉很不自在的样子，我们叫她坐，她还不好意思。

我们就用真诚的态度和微笑去对待这位大姐，跟她说："没事的，坐下，买不买无所谓，逛街也累。"

大姐跟我们说："刚才去了几家店，那些服务员都感觉我不会买东西，爱理不理，来到你们店感觉很亲切。"

接下来我们就跟她聊了起来，然后她看了看我们家的少女围，买了3件给她女儿。

之后我们告诉她上了新款睡衣，她也带了一套。

走时还跟我们说，下次还来我们家！

福建光泽217路某时尚女装店，有天快下班时离完成目标1万元只差42块，当时该条街已经有很多店关门了，可是店长沈兰花带着店员在店外截流，她逢人就说："离完成我们今天的目标只差42块，进来帮个忙啊！"她的激情终于感染了一名路过的女顾客，进店买了一条特价短裙，46元！

用心待客，不愁回头客。

我们来看看杭州某鞋店店长韩姣的分享：

这个新店开了一个多月，他们已经购买三次了，相信他们还会再来。

第二次是老婆带了女儿过来，要购买一个钱包送给老公（过生日）。然后我拿了30块钱，一路跑着去精品店，以自己的眼光挑了一个精致的盒子送给她，花了20块钱！又一路跑回来，气喘吁吁的。

过了几天，一位男士过来买鞋子，很爽快，他一边掏钱，一边说："这个钱包就是上次老婆送我的生日礼物，也是在你们这里买的！"

因为我们曾经的一点点优质服务，因为我们曾经的一点点用心，换来的也许是我们和顾客的情感联结以及源源不断的回头客！

3. 不同顾客的不同服务技巧

服务就是要满足甚至超出顾客的需求。不同目的的进店顾客，其对服务的需求程度不一，我们要提供相应的服务。

有的顾客只是来闲逛的，给他（她）提供闲逛的服务，不要给他（她）太大的压力，先在一旁关注他（她），不要急着推销，满足他（她）无压力闲逛的需求。

有的顾客是来了解新款或者是否搞促销活动的，我们可以让他（她）获得相关信息，而且多一点非销聊天，对于新顾客，一有机会，就加他（她）的微信。这类顾客还是有机会成交的。

有的顾客就是来买东西的，不在你家买就在别家买。对于来买东西的顾客，我们的服务就是帮他（她）轻松愉悦地淘宝。比如：新货型的顾客，淘到时尚有品位的宝；促销型的顾客，尽量不多花一分钱，且得到最多的促销优惠；特价型的顾客，能够淘到最划算的特价品。

常见的三类逛店顾客

第一类，来闲逛的。

原本没有购物打算，只是想闲逛一下，消磨一下时间，或者蹭一下免费的 Wi-Fi，吹一下冷气（夏天），暖和一下（冬天），等车或者等人。这类顾客没有发出任何购物信号，本次并没有购物需求，通常不看商品，虽然他（她）的目光偶尔从商品上扫过。他们经常直进直出，店员连打招呼的机会可能都没有。他们有的是问路，有的则只是吹吹空调，通常不会给店员任何服务的机会。

对于这类顾客，我们提供闲逛型的服务，不过多干扰，满足其消磨时间、吹冷气、享受暖气、听音乐等需求，我们的心态："很高兴咱们店不招人讨厌，顾客没有压力才会来。"不必向这类顾客硬推销，让他们继续没有压力地逗留，也可以提升店里的人气。

第二类，来了解的。

这类顾客有潜在的或者未来的购物需求。他（她）会看商品，但神情可能有些紧张，不会凑得太近，也许不想让店员知道他（她）是在看哪件商品，往往不敢与店员对视，店员动，他（她）也动，始终保持一定的安全距离。店员问他（她）需要什么，他（她）的回答往往是"嗯、呀""随便看看""我自己看"等敷衍，步伐快速，一声不吭，有的会明确说："今天只是看看，只看不买。"

对于这样的顾客，如果时间允许，可以多聊天（即非销），提问并聆听他（她）的工作、生活以及故事，端茶递水服务，加微信。如果对方开始发出购物信号，就进入下一个服务流程：介绍商品、试衣服务。

在海南儋州某男装店，有名背包客骑着电动车过来。他 40 来岁，一脸的沧桑，给人四海为家的感觉。他把电动车停在店门口，一进店就说："刚好路过，进来看看有没有什么新货，今天只看不买，还有事要去办。"

当时我正在巡店，示意导购跟他非销聊天。于是，导购倒水给他喝，并好奇地问他去过什么地方，遇到了哪些事情，有什么故事。他显得很有耐心，一一讲解，讲着讲着，就开始试穿衣服，最后买了 4 件。之后，他骑着电动车往回走，并非像他开始说的"去某地办事"。

对于来了解的顾客，我们不必急着推介商品，可先稳定其情绪，多寒暄、拉家常，介绍品牌知识及商品知识，并尽量探寻顾客的潜在需求。

当这类顾客在了解商品时，不宜紧贴其后，这样会让顾客感到很大的压力。

有一次，我去逛商场。先是去某知名电器商场，因为新房子快装修好了，需要买很多电器，其中包括电饭煲。我来到电饭煲专区，想了解一下行情和产品的性能、价格，但肯定不会买，因为买了也没有地方放，搬家也会很麻烦，这次来的主要目的就是了解。

此次，我是属于来了解的顾客。

从我来到第一个柜台时，店员就热情地招呼，"您好，欢迎光临。"当我的目光开始接触电饭煲时，她就赶紧打开电饭煲的盖子，向我讲解各种性能，搞得我压力真的好大，于是，赶紧走开。

基本上，无论我走到哪一个区域，都压力重重，虽然是周日，但穿着蓝色制服的店员蓝压压一片，比顾客多多了。

迫于压力，我硬着头皮从最近的通道落荒而逃。到了沃尔玛后，由于主要是自助服务，感觉轻松多了，并选定了符合自己需求的一些电器。

分析：因为我一声不吭，也不敢正视店员，步伐快速，这都属于了解型的顾客特征，除非后面因某种诱导因素而发出了购物的信号。我的目的只是了解，还没有产生浓厚的兴趣，更没有想买，店员却给我讲详细的性能有用吗？只有当我产生了一定的兴趣，发出了购物信号，开始认同具体款式和价格，你给我讲该款的性能才是有效的。我还没有到第一步，店员就到了第二步，甚至第三步，我认为店员做的这些是无用功。

当顾客从外面进店来到室内灯光下，视觉需要一个适应过程，肌肉也处于紧张状态，有点亢奋，有点慌乱，一下子静不下来认真看商品，这时，店员若以自己的行为制造太多的压力，顾客只有落荒而逃。我当时不知道自己看到的是电饭煲、高压锅还是煲汤锅，连看都没有看清楚，更不用说性能和价格了。

此时，店员应如何改善？

首先，我希望店员是友善、微笑的；其次，不要给我太大的压力，建立初步的好感或信任感。店员可以在我进店的时候对我轻轻地微笑并亲切地点头，这样，我不至于产生太大的压力，并会产生一定的好感；而且，这使我能够静下心来好好了解商品，首先了解到的是款式和价格，其次是性能（煮饭、煲汤、熬粥什么的）。我之所以紧张兮兮，其中一个重要原因就是不了解电饭煲，一下子看到太多的陌生的同类商品，有点慌乱。等我了解到一定的程度，可能会联想到电饭煲煮饭、煲汤、熬粥的情景，甚至还会联想到蒸汽以及饭香，这时候，店员可以切入了。我们可以轻松地交流，她了解我的需求以及能接受的价位，为我推荐合适的商品，当我了解了商品，当我那条件反射式的压力感与戒备心理解除后，说不准我真会买一个。

顾客也是感性的，只是需要店员来感染。

欲速则不达，这次不该是你的，请给顾客留下好印象，我们开店做生意不是一次性交易；该是你的，你要好好把握住机会。

第三类，来购买的。

给他（她）买的服务，向他（她）"讲多一点点"，让他（她）"试多一点点"，最后他（她）会"买多一点点"，尽兴而归。

我们来看看山东荣成某男装店丁秀的分享：

今天临近下班，来了夫妇二人，我们打招呼，把他们迎进厅里。通过聊天了解，他们要参加婚礼，来给大哥选衣服。

我们给他搭配了单件西服、衬衣和一条休闲裤，试穿以后，效果特别好，我们又找话题跟他们聊天，并赞美大哥，夫妇二人挺满意的，又给大哥拿了一条腰带，配上后整体效果更好，大哥说腰带皮质不错，也要了，4连单成交！

大姐去收银台交款，大哥留在店里等，我又拿了件便服给大哥，说，大哥，这款是刚到的，想麻烦你帮试试版型行吗（其实我是想把这件也卖给他），大哥穿上后觉得也不错，正好大姐交完款回来，大姐也说不错，最后把这件也带上了，5连单完成！

来买的顾客有相对明确的购物需求，但不一定是在你的店里买。他们通常会流露出自信，不躲避店员的目光，常常发出明确的购物信号，有的甚至主动询问店员。

对于来买的顾客，导购要帮他（她）买齐合适的商品。

以上把顾客分为三类，希望不要成为导购的借口，而是为了提供顾客需要的优质服务。顾客不需要的，那就是压力。顾客类型的划分，不是人为判断的，而是在接待与服务顾客的过程中自然形成的。例如，顾客直进直出，根本不给机会，就是闲逛型的；顾客在卖场慢慢地看衣服，至少是了解型的；顾客发出了购物信号，有时向导购提问，这就是来买的顾客。总之，熟能生巧，导购实战多了，自然也就知道怎么拿捏分寸了。

决定购买的顾客

（1）价格型。

价格型顾客的服务要领：选。价格型的顾客，也通常称为"经济型"的顾客，这类顾客相对而言比较看重价格以及希望捡到一些便宜。我们可以从高价格往低价格依次推荐，让他（她）选到自己认为合适价格的商品，有时，送给他（她）相应的赠品。

（2）犹豫型。

犹豫型顾客的服务要领：帮。例如，顾客想给家里的父亲买件衣服，但是怕尺码不合适。这时候，要帮助顾客做决定，我们可以说："通过您的描述，您爸爸穿这个尺码肯定是可以的，况且每个人其实都是可以穿2个码的，您要是担心尺码不对，您可以在7天内随时过来换尺码！"

（3）老客型。

老顾客的服务要领：记。湖南常德某男装店的店长谢朵芸对此感触颇深，下面是她的分享：

我们对于顾客的特征喜好，都需要记录得很详细，你对顾客的用心，他完完全全感受得到，并回报给你的是更大的信任。

昨天新款到店，对老顾客进行了一对一邀约，今天就有3个回店，有一个还是今天一清早就过来的，真的很感动，对我们工作如此给力，对我们如此信任，让我们更加有了拼搏前进的动力。

其中有一个老顾客，我以前听他无意中说过皮肤比较敏感，属于过敏体质，昨天在邀约的时候告诉他，刚好我们家到了几款舒适的纯棉T恤，特别适合他这种过敏体质穿，他当时很惊讶，说："你怎么知道我皮肤过敏？"

我说："以前听你无意中讲起过。"

顾客很是意外，说没想到一句无心的话语我还放心上了。

还有一个顾客，他和小孩都非常喜欢我们家衣服，我昨天邀约时告诉他，我们新款上了适合他小孩穿的比较阳光活泼的橘色系（在以前一次他们的聊天对话中，我在旁边听到过，他小孩喜欢橘色系暖色调衣服，就记下来了）和适合他穿的休闲时尚蓝色系，让他周末可以带崽一起到我们店里看看，让顾客知道我们不仅想着他，还想着他的崽。

表面上是"记"，深层次来说是"用心"。

下面是谢朵芸的分享：

我们有一个顾客，平时从来不喝茶，只喜欢喝阿萨姆，所以每次只要他来店，我们店无论是哪一个同事当班，马上就去隔壁零食店给他买一瓶阿萨姆送到他手上，有时候他会提前告诉我们过来的时间，我们就会把阿萨姆早早地准备在那里，顾客说这是唯一一家对他这么用心的店铺。

（4）新客型。

新客型顾客的服务要领：讲。有一次，我在福建光泽的一家女装店见到一对姐妹来购物，姐姐开餐馆，她说自己每天不是在厨房、餐厅，就是在菜市场买菜，也不知道穿什么好。我们肯定地告诉她，现在流行貂绒大衣，这件貂绒大衣配上黑色的裤子效果特别好，黑色裤子显瘦，貂绒大衣的宽松设计可以遮肚子，年底喝喜酒时穿着，既有品位，又有档次。结果，姐妹俩都买了。

（5）理智型。

理智型顾客的服务要领：听。有些顾客生活阅历丰富，经济条件优越，穿衣搭配也自有主见，年轻的导购在气场上就输给他们了。对于这类顾客，只要我们积极地聆听，时不时回应"哇！""真的呀！""佩服！"等，并提供良好的服务，给他们端茶递水，为他们擦鞋等，说不定还能成交大单呢。

（6）冲动型。

冲动型顾客的服务要领：快。这类顾客很容易决定购买，也很容易反悔。

下面是大连步行街某休闲品牌店雪儿的反思：

三个学生进店买衣服，其中一人明确地说："帮忙选套衣服，500元左右。"雪儿帮他选好后，该学生很满意，说："我一会儿赶车，包起来吧。"于是进试衣间换下来。出来后，另外两名同学说："赶车还有会儿时间，不急，先到外面再逛逛，没有合适的再回来。"于是三人一起走了，之后再也没有回来。

他说"包起来吧"，我就应该说"你不用换了，直接穿走就行。"并且迅速把新衣服的吊牌撕下来；另外，该同学选购期间，不能忽视他的两名同学，要多聊天，赢得好感，至少不会坏事。

顾客购物的八个心理阶段

顾客在购物的过程中，往往会经历八个心理阶段，如下：

（1）注意。

（2）兴趣。

（3）联想。

（4）欲望。

（5）比较。

（6）信任。

（7）行动。

（8）满足。

下面我用亲身经历来做个说明。

我原来住在厦门大学附近。

在一个星期六的下午，我在厦大周边的街道上闲逛着，（注意）不经意看到这条街上有一些服装店，并对一家男装店及其灰色长袖衬衣产生了浓厚的兴趣（兴趣）。

然后导购就取下来给我试穿，穿上后刚好合身，于是我对着镜子照了照，自我感觉良好。我浮想联翩（联想），如果今天晚上穿着这件灰色衬衣，搭配我身上这条撑门面的米白色裤子，再花2元钱把我的黑皮鞋擦亮，肯定很帅气。

是的，今天晚上就要去厦大舞厅，还要邀请厦大历史系的那个女孩子李静跳舞，她似乎对我有些好感，而且今晚想必或者希望她也会去舞厅。

当时厦大的舞厅是露天的，在学校里面一个大的操场上，周末开放，门票只要2元。

我想，就这身打扮请女孩子跳舞，那感觉岂不是很美好？！我们相拥在舞曲中，踩着青春的节拍，度过愉快的周末夜晚。

想着想着就产生了强烈的购买欲望（欲望）。

为了追求完美，我又试了大一号的尺码，发现大了，还是刚才那个尺码合身（比较）。

然后又看了一下其他的衬衣（比较），有的不打折，不在考虑的范围之内，在打折的衬衣中，属这款最满意。

我问导购员："价格还能不能再低一点？"

导购笑着说："帅哥，你看这条街我们店的价格定得最实在啦，而且还打7折，你穿了又这么帅气……"

总之，就是不肯再优惠。

于是我提出："怎么也得送一双袜子吧？"

导购说："您稍等，请示一下店长。"

店长同意了。

这时我认为探到底了，对导购产生了信任（信任），我相信自己买得最划算，没有吃亏。

于是埋单了（行动）。

埋单后，让导购帮我熨烫了一下，然后开开心心地直接穿在身上，扎在裤子里面，对今晚充满期待（满足）。

这时夜幕降临，我只身一人买了票，进入舞厅，四处张望，希望在人群中发现李静的身影。

本人的另一个购物经历也能说明顾客购物时常见的八个心理阶段。我来回顾一下当时的购物心理活动。

有一次，我在晚上逛巴黎春天的时候"注意"，到了很多国际品牌（如登喜路、杰尼亚、HUGO BOSS 等），其中 HUGO BOSS 的招牌灯光特别亮，卖场陈列搭配的衣服很不错，更令人心动的是，我看到了"6 折"的促销海报，于是产生了进去看的冲动和"兴趣"，我看到一条 6 折的黑色牛仔长裤，光泽纯正，顺手摸了摸，手感特舒适，不禁产生了"联想"，要是我穿上这条牛仔裤（上身配翻领丝光 T 恤，并扎在裤子里面，以显出 HUGO BOSS 的右后裤腰牌），一进办公室，不知会迎来多少关注的目光，走在街上，自我感觉不知多好呢！想着想着，于是我产生了购买"欲望"；接下来我开始"比较"颜色（它还有蓝色的），看哪种颜色搭配效果最佳，因为当时的公司老板经常穿着一条黑色的 HUGO BOSS 牛仔裤，这对我的选择产生了影响，我基本上倾向于黑色的；颜色确定后，又开始比较尺码，哪件最合适，比较好了之后，虽是难得 6 折，我还有点不放心，怕还有水分，我问："能不能送我一双袜子"，售货员："对不起，这是特价货品，没有赠送品"，于是，我又看看洗水唛，竟然是"made in Tunisia"，当时多少有些崇洋的心理，虚荣心得到了一定的满足，终于，我认为物有所值，产生了"信任"，这时我决定"行动"了，埋单后，我直接穿上，心情之好，不言而喻。后面，非常"满足"高兴地踏上了回家之路。

实际销售工作中，顾客的类型多种多样，不是轻易就能识别的，顾客的心理活动也是复杂多变的，导购如果力不从心，可以借力。

下面是浙江湖州大吉女装店娇娇借力成交后的感想。

我们在搞不定顾客的时候，一定要向店长或经理求助。

昨天晚上差不多十点的时候，店里来了一男一女，他们是开着宝马过来的。

这个女的特别有亲和力，爱笑，说我长得很可爱，我们便聊了起来。

接下来，这个女的试了几件衣服，但是这个男的爱挑剔，而且挑得很厉害。

于是我就求助店长姚萍，让她帮助我搞定这一单。姚萍也特别厉害，特别能说，最后终于帮助我搞定了这一单，姚萍全力以赴地接待我的顾客，我很感动！

【扎辫子成交法】

今天上午来了三个女顾客，1号顾客瘦瘦高高，身材很好；2号顾客中等身高，微胖；3号顾客比较瘦小。

我直接拿了一款黑色蕾丝、带珍珠腰带的连衣裙给1号顾客试穿，她的两位朋友看了也觉得很好看，很适合她，都叫她去试穿。

试穿后，效果跟我想的一样，那件衣服穿在她身上虽然说没有十分好看，但也有8分好看，她也非常喜欢。

由于我们今天推出的新活动"夏装买一送一"，露露又挑了一件休闲套装让她试，这件套装穿在她身上也是意外地好看，就连2号顾客也看上了，2号顾客试过之后也定了下来。

这时店里只有她们三个顾客，文静姐就帮1号顾客扎辫子，拖延时间，好让我为3号顾客挑选衣服。

3号顾客有点挑，虽然试了好几件效果都还不错，但是没有给她特别喜欢的感觉，最后她和2号顾客看上了一件套装裙：上面白色衬衫，下面蓝色纱裙。一开始她只是抱着随便试试的态度，没想到穿出来却意外地好看。

在3号顾客试衣服的这段时间，文静姐已经帮1号顾客扎好了辫子，又开始帮 2 号顾客扎。文静姐的手很巧，扎的辫子不比理发店差。

最后埋单的时候，她们也比较爽快，不像一般的顾客，就算再便宜也还要再捞点小便宜。

3 号顾客没带钱和手机，结果 2 号顾客就爽快地说了句："我帮你付！"

3 号顾客流露出难以置信的表情。

2 号顾客缓缓补了句："回去还我。"

听到这句话，3 号顾客的表情才正常了。

她们的表情让我觉得既好笑又可爱。

付完钱，1 号顾客直接把黑裙子穿上了，看得出来她真的很喜欢，她表示要专门去买双鞋搭这件衣服，还说，本来准备今天洗头，但是文静姐扎的辫子太好看了，都不想洗了。最后她们非常愉快地走了。

通过这单，我的感想是：合作最重要，如果不是露露跟文静姐全力支持，可能顾客有 2/3 的概率不会买，所以大家一定要合作；同时要记得：合作加服务加用心，是我们成交的重要公式。加油、加油、加油！努力做到最好！

【护手成交法】

手是女人的第二张脸，越来越多的女性开始关注手的保养。尤其是在秋冬，空气比较干燥，皮肤容易干裂，更加需要保养手。

很多服装店开始推出护手服务，伙伴们用护手霜给女性顾客护手，得到了广大顾客朋友们的认可与喜爱。

下面，我们通过一个案例来说明护手成交法。

今天上午，刚吃完饭就来了一个很顺的单。顾客全程自己挑衣服，试衣服，最后拍板选了一件，连价格也没还，全程只跟她老公交流。

我在边上感觉没什么事，不过还是给她老公倒了杯水，虽然她老公自带饮料，不过也算服务了。

这单过后，一直没什么人进店，到下午我吃完饭，来了两个女顾客，1号顾客有点胖，2号顾客有点壮。

1号顾客一进来就要吊带，我给她推荐了几款，她都喜欢，可是穿不了。后面，同事露露拿了一件秋款长吊带，外面给她搭配一件长款针织衫，她拿着衣服进了试衣间。

1号顾客试衣服的时候，我开始给2号顾客护手。她的左右手有点不对称，左手有点肿，听她诉说后我才知道是冬天冻的，一直没好。

1号顾客试完衣服后，很喜欢，但是问了价格后，觉得有点贵，试图还价。

露露告诉她："你加店铺微信后，已经给你打过9折了，已经是最低价了。"

她听后有点想走，但是看见我在给2号顾客护手，就坐在沙发上等。这期间，她一直在跟2号顾客商量是否买这套衣服，露露一直在边上劝她买，我则故意按久一点，让她们有足够的时间交流。

这时2号顾客也帮1号顾客还价，可是价格实在不能再低了，最后露露答应送给1号顾客一条锁骨链，2号顾客可能也感受到了我护手时的用心，也劝1号顾客买了。

1号顾客可能也很喜欢，露露又给她讲解了可以一衣两穿的方法，她就买了。

埋完单后，为了不那么刻意，我又给2号顾客按了一会儿手，这时露露也开始给1号顾客护手，我也乘机给她们一人倒了一杯水，她们还和露露互加了微信，并且表示下次还会来。

这次我学习到了：只要用心了，顾客也是能感受到的，还有就是同事间要合作，继续加油、加油！

【扇扇子成交法】

今天让我体会到了，用心是真的能感动顾客的。

9点45分左右，来了个顾客，我给她推荐了几款衣服，而她只是看衣服，没试穿。

然后，我给她倒了一杯水，问："美女，你想买什么样的衣服？"

她说："想买个简单的连衣裙。"

于是，我就帮她找简单的连衣裙，选了几件给她试穿。

她从试衣间出来之前，我就已经备好了扇子，一出来我就给她扇扇子。

她照了几下镜子，说："家里都有类似的。"

于是，我另选了几款给她试穿。

她出试衣间的时候，我又给她扇扇子，还拿纸巾给她擦汗。

最终她选了一件吊带连衣裙。

然后我就跟她讲："今天我们店夏装在搞活动，一件7.8折，两件的话是6.8折。"

她一听就心动了，又选了一件，但是很犹豫，打算放弃，后面又拿起来了，而我则是一直到埋单的时候才停下扇子。

最后，她没有跟我还价，很爽快地直接支付。

那时候我就在想：用心服务可以感动顾客，而坚持就是胜利！

4. 有理有据地推介商品

我们向顾客推介商品时，不能简单地说："你穿这件真的很好看！""绝对适合你！""没骗你！""你相信我！"这样说太抽象、太空洞了，顾客难以相信，我们需要告诉顾客为什么适合他（她）。

推介商品需要针对顾客的需求，需要有内容，并有一定的逻辑，这个逻辑就是NFABE。

N（Need）需求（顾客的需求）。例如，有次我巡店时，看到某年轻女性顾客正在试穿貂绒大衣，我连忙称赞她好可爱，导购赶紧过来悄悄告诉我，她要的是女人味！如果我坚持从可爱、活泼的方向去推介商品，那么可能就跑单了。幸好导购提醒，我及时调整语言，说"从后面看，身材显得好有女人味"，最后还是成交了。

下面这个案例是刘店长的心得。

这位姐姐是戴着口罩进我们店的，她一进厅我就喊"欢迎光临"，并询问："美女，您想选款什么样的鞋子？"

美女看了看，说："你们家有什么便宜特价的鞋子吗？"

我把她引导到我们家的特价区，她问："有没有42码的？我想给老公搭配休闲裤穿，你给我推荐一款。"

我给这位美女选了一款休闲时尚的舒服款，她看了看说："挺好的，你觉得现在搭配什么颜色的好呢？"

我一看这款鞋子是特价的，有两个颜色，但是棕色没有她要的码了，只有黑色有42码的，我就说："现在已经入秋了，还是选一款黑色的吧，黑色是百搭的颜色，绝对适合。"

美女没有说别的，她在反复权衡。

我倒了一杯水递给美女，她开心地说："谢谢美女，服务真好。"

我说："美女，你的鞋子有点脏了，我给你护理一下吧。"

美女不好意思地说："哎呀，这多不好啊，你又是倒水又是给我护理鞋子，我都不好意思了，你还是给我开单吧！"

我们就这么愉快地开单了。

在这一单里，我觉得给顾客选择鞋子最重要的是跟着顾客的需求来，再加上良好的服务，成交的可能性要高很多！

在上面这个案例中，顾客的第一需求是特价的、便宜的，所以刘店长把她带到特价区选购，满足她对于特价、便宜的需求；其次，她需要一双能搭配休闲裤的鞋子，所以，刘店长给她建议了一双休闲鞋；再次，该顾客需要42 码的，所以刘店长就重点推荐黑色的，因为黑色的鞋子有 42 码，能满足顾客的需求，也许顾客打心里认为棕色的鞋子更休闲，但是刘店长给顾客倒了水又擦了鞋，顾客不好意思，就做出了买黑色鞋子的决定。

尽管我们认为还有更多的鞋子适合该顾客，但是首先得尊重顾客现有的需求，深层次的需求挖掘是在有合适机会时进行的。

顾客的需求常常可以通过询问获知。

F（Features）特性（与顾客的需求相对应的商品特性，包括面料、裁剪、颜色、价格等）。

A（Advantages）优点（从特性引发的优点）。

B（Benefits）好处（为顾客带来的好处）。

E（Evidence）证据（证明以上所说）。

例如，有位 60 多岁的阿姨想买运动服。阿姨的核心需求（N）是舒适（运动服的舒适性基本获得阿姨的认同，不用再重点介绍）和显得年轻，针对此（显得年轻的）需求介绍该款商品的特性（F）是蓝色的运动服，该款蓝色的运动服能带来运动、健康、充满活力的感觉（A）；为阿姨带来的好处是显得更加年轻（B），证据（E）就是很多阿姨已购买 / 还会有更多人购买（平时可以拍摄一些各类顾客购买时的照片，需要时给顾客看，有图有真相，让顾客进一步信服）。

再如，某店在搞特卖，它的 NFABE 如下：

N（需要）：进这个店的很多顾客需要实惠、特惠；

F（特性）：前几天还卖正价呢，这不，现在刚刚开始特卖。

A（优点）：才 2 折起，当季新款前所未有的力度。

B（好处）：例如，某款夹克原价 599 元，现 2 折，120 元，原来买 1 件衣服的钱现在可以买 5 件！省钱！

E（证明）：这款衣服昨天卖了 6 件，今天也卖 3 件了（可以把小票拿给顾客看）。我一个朋友上星期是 8 折买的。

简化一点，举例如下：

（1）这 T 恤是 100% 全棉的，吸汗透气，穿着很舒服。

（2）这条裤子的面料是经过特别水洗处理的，手感很柔软，穿在身上感觉特别舒服（让顾客触摸感觉）。

（3）这件外套是立体剪裁的，穿着时收身效果特别好，更凸显您的好身材。

（4）今年很流行紫色系，这款紫红色外套不仅衬得您的白皮肤很亮丽，还增添了时尚感。

再如，无缝羽绒外套，它的 FAB 是：采用了无缝压着工艺（F），提升了防风、防水功能（A），舒适穿着、温暖御寒（B）。

USP 是指独特的销售点。

可以从面料、颜色、剪裁、价格等方面去找出这件衣服的多个 FAB。在那么多 FAB 中，又如何确立这件衣服的 USP？

一是产品导向。USP 就是该产品在同类产品中最突出的特有的销售点。一件衣服的 USP 是相对固定的。

二是顾客需求导向。一件衣服的 USP 并不是唯一的、固定的。它可随着顾客的不同需求而相对变化。

USP（独特的销售点）举例：

（1）抗起球、防静电、固色；

（2）防水；

（3）今年最流行貂绒外套 / 焦糖色 / 鹅黄色等；

（4）韩国进口天丝面料、土耳其进口 A 级皮料等；

（5）桑蚕丝 / 羊绒 / 全牛皮 / 牛筋底 / 橡胶低等；

（6）抓地性特别好、超级防滑倒等；

（7）特别轻；

（8）特价。

不管是 NFABE 还是 USP，都是指商品能吸引顾客的卖点，导购在推介商品的过程中，需要反复强调这些卖点。说多了，很多顾客就听进去了。

温馨提示：NFABE 和 USP 只是帮助导购有理有据地推介商品，属于服务五部曲的第二步，一个完整的成交流程还包括后面的三步：鼓励试穿、附加推销、收银及售后服务。别对 NFABE 和 USP 期望太高，后面三步没做好也很难成交。

你商品介绍得再好，可是顾客仍然有其他方面的疑虑，解决了这些疑虑，顾客才会放心地购买。

某店长说："要像照镜子熟悉自己的脸一样，熟悉自己的货品，进而相信自己的货品。"这样，才能更好地推介商品。

向顾客推介商品，不宜导购一个人包场，而是和顾客互动，让顾客参与进来。例如，纯棉的面料比较舒适，可以鼓励顾客用手轻轻抚摸；而涤纶等不易皱的面料，可以鼓励顾客用手抓捏，然后松开，顾客一看到这样使劲捏也没有皱，可能认为这种面料不错。

军队要经常搞军事演习，服装店也要经常搞销售演练。下面是某店的"牛仔裤销售演练"：

【销售演练：当挑刺男遇见美女导购】

背景：挑刺男要买一条99元的牛仔裤，可店里最低价是199元。

男：我就是只要穿99元的打折款，身上这条穿了五六年也没有什么问题。

美女：是的，99元的牛仔裤也很不错，我们家的牛仔裤也不差，你可以试试看，试试不一定买，体验一下。你看看你穿的都是经典蓝色款，我们这款瓦灰色牛仔裤，更好搭配衣服，看起来人还显瘦，把腿衬托得长。你试试吧。

男：关键是你们家的卖多少钱？

美女：你再看看这个牛仔裤的后兜，里面加了防盗的扣子，不管你口袋装多少东西，当你去厕所时，不用担心兜里的东西掉下来，还有这些磨毛的时尚元素，看起来更年轻一些。

男：一个扣子才多少钱啊，成本很少。

美女：把牛仔裤翻过来，看里面的做工，你看看刚刚打开的货，一点线头都没有，裤子里面一直包边到底。

男：请说价格是多少？也是99元？

美女：试穿出来，让你使劲蹲，不用往上拉裤子，咋蹲都舒服，尤其是开车的时候，不拉腿，因为它是四面弹的面料。价格嘛，199元，这是我们促销的跑量款，其他都279元、299元。相信我，下次你还会找我要买第二条，还会带你朋友来。

男：我这99元的牛仔裤也穿5年了，你这条多一百，接受不了。

美女：99元的你穿了5年，真不错，怎么保养的？

男：从来不保养的，99元而已，没必要。

美女：没事的，你也不是天天买衣服，偶尔对自己好一点，犒劳一下自己，199元真的不贵，你可以看看我们家其他的产品，一件短袖都是199元到499元。

男：还是觉得贵，你没有打动我。我要买99元的，你却让我买199元的。我只买便宜的，因为费用有限，贵的不习惯买，平时朴素惯了。

美女：没事的，哥，谢谢你试穿我们的裤子，记得下次买裤子的时候找我，给你搭配一身，我只介绍适合你的，你看我今天给你搭配的，多帅气！相信我，其他方面可能你比我专业，但是服装我肯定比你专业，我都卖20年男装了，而且本来我就是学服装设计的。

男：嗯，这个可以，我记住了。

5. 鼓励试穿

鼓励顾客试穿的目的：让顾客多试几套，成套试穿，从而提升成交率及客单价。

试衣服务的精髓在于细节和感动，尤其要尽量提供给顾客成套的服装，促成串联销售。

试衣前服务

店员要检查试衣间，确认顾客试穿的件数，并提醒顾客锁门。

在给顾客拿试穿的衣服时需要"一拿准"，即尽量一次性拿准款式、价格、尺码等，并尽量成套拿给顾客试穿。

此外，我们可以帮顾客脱外套，顾客要试穿的衣服我们帮忙解掉扣子、拉开拉链等，这些服务细节都会增加顾客的好感。

试衣时服务

顾客在试穿衣服时，我们可以搭配其他适合的衣服和饰品，或与顾客的朋友聊天、套近乎，还可做清洁工作及维护陈列等。

如果顾客在试衣室太久，可轻轻敲门问："先生，尺寸可以吗？""要不要出来照照镜子，我帮您看看？""小姐，要帮忙吗？"

顾客试穿出来后，我们可以帮助顾客护理鞋子、熨烫衣服等。

在服务与销售过程中，我们可以与顾客多聊天，拉近距离。下面来看看某店员的分享：

店里来了一位个子高高的美眉，她给我的第一印象就是皮肤白，个子高，聊了几句知道她想买毛衣，我们就帮她推荐，她性格也比较开朗，明确表明要什么，所以我们马上就成交了。

埋完单，我又给她介绍了裤子，她也没有反感。

在这过程中，我们也聊了一下非销的话题，了解到她是北方人，在这儿打工，我说我们也是外地的，她可能感觉我们比较友善，就敞开心扉跟我们聊了一会儿，后面又买了一条牛仔裤。

我们顺其自然地互加了微信，过了一段时间，那位美女忽然发微信问我有没有新款裤子？我就拍了几条店里面的裤子发给她。她说有空过来看。虽然说好的那天她没有来，但是过了一天，她来了，直接拿走了一条裤子。

如果顾客带着小孩来买衣服，我们可以给小朋友气球、糖果、冰淇淋、玩具等，小朋友也会帮我们，他们会说这童装好看，或者说妈妈/爸爸穿着的这件衣服好看，从而提升成交率。

下面是鞋店店员的分享：

有一对母女带着一个两岁左右的孩子进店了，那个孩子很调皮，进店就到处跑。这个美女看到孩子太皮了，也没心情看鞋。

这时丁芬对美女说："没事，我帮您看孩子。"美女微笑地点了点头，就开始挑鞋。

我帮她挑了几款，美女都很满意，其中有两双叫我打包，又叫我帮她妈妈挑双39码的。我们店39码的有点少，我就拿了一双真皮38码的给她穿，因为我知道这双38码的鞋尺码有点偏大。那个妈妈试穿后非常满意，就说"可以"。

丁芬在给小孩吹气球玩呢，美女看到自己的孩子玩得很开心，又看了一款鞋，可惜没她的码。

就这样我们做了一个三连单，虽然金额不算大，但对我们鞋店来说很难得。而且我想那美女下次一定还会来我们店买鞋的。

我们也可以跟小朋友说：

"待会儿你妈妈出来，你要说好看，不然她不会买，还会去其他店试穿，这样的话，你一天都玩不了！"

"小朋友，这个飞行器想不想要？你如果喜欢这件衣服，妈妈就会买，然后阿姨就送给你这个飞行器，好不好？"

总之，如果把小朋友们服务好了，他们就会帮我们说话，否则就可能影响大人购物的心情。

试衣后服务

顾客试穿衣服后，店员需要有赞许的微笑、鼓励的目光。可以带领顾客到镜子前，看看穿着的效果。

我们可以提供优质服务，如帮顾客整理好衣服，翻好衣领，反折裤脚等。有些衣服如风衣有腰带的，我们可以帮顾客系好腰带。有的新鞋子比较紧，不好穿，我们也可以帮助顾客穿好鞋子。顾客买围巾的，我们可以利用专业知识帮助顾客设计造型，围好围巾。有的顾客试穿套衫，把发型弄乱了，我们也可以帮顾客梳梳头。出汗的顾客，我们可以及时递上纸巾，甚至直接用纸巾给顾客擦汗。热的时候，我们也可以用扇子给顾客扇风。条件许可的，我们可以端上茶水或饮料给顾客喝。此外，如果我们提供半蹲式服务，顾客可能会感受到我们的尊重与温馨服务。

当然，针对顾客的需求及特点，进行货品的 NFABE（即需求、特性、优点、好处、证明）或 USP（独特的卖点）演说也是必不可少的。

拍照成交法

顾客试穿衣服后，我们可以给顾客拍照，不仅要拍前面，还要拍顾客的背后，把顾客拍得白富美，这样会大大提升成交率。

下面是某店长的分享：

分享一个小诀窍，我最近用了很多次，成功率起码百分之九十。

最近接了一些 30 以上大姐类型及大妈类型的顾客，她们买衣服容易纠结，犹豫，又不是很有主见，又不敢尝试很洋气的风格。如果我推荐的衣服她穿上差不多，她自己也有一点点觉得还行的话，她在犹豫的时候，我就用手机软件给她拍美颜照，把凸显优点的给她看，当顾客看到衣服拍出来的照片挺好看的，又加强了一点她购买的欲望，只要试了几套衣服，大多数都会购买最起码一两套。

但是需要注意的是，一定要用软件相机拍照，带美颜、自动上妆的那种哦。

有时候，我们试衣服务做得很好，但是顾客称钱不够而没有买，这时候我们需要反思：是顾客真的钱没带够，还是我们的非销和服务不够？

我们来看看柒牌男装某店长的亲身经历。

店里来了一个顾客，要看衬衫，看得出来这个顾客很挑剔，这也不满意，那也不满意，店铺来回逛了好几圈，都看不上，后面我硬是拿了一件蓝色衬衫和一条裤子让他一起试穿，说搭配看整体效果，试出来顾客还是挺满意的。

关键的时刻到了：埋单时一套打完折是1230元。顾客第一反应就说太贵，想不到会是这价格（因为是新顾客）所以不知道我们这边的价格。

"贵了，今天也没带那么钱，只有200多，折扣能不能再打低点？"

"我们店开了十几年，折扣一直都是很稳定的。"

当时不知道他到底是真的钱带不多，还是嫌贵。

这时我就把他引到泡茶区喝茶，开始我们的非销套路：先跟他寒暄，没聊衣服价格；之后开始说"哥的眼光蛮高的，四五百元的衬衫你都看不上"。并说出那件衬衫的FAB（即特点、优点和好处），让他知道为什么值折后703元。

顾客又开始说没钱："好也没用，可以先赊账吗？"

这时我就说："要是今天真的不方便，我们可以留个联系方式，加下微信，到时转账。"

顾客怀疑地说："你真的能让我欠着吗？不怕我跑了不给你吗？"

我说："我相信你，相信你不会辜负我对你的信任。"

顾客笑着说："小妹很会说话。"

顾客坐了有半个小时，他说今天只是路过陪朋友办事，等朋友期间来逛逛，只是进来闲逛的，没想买衣服，看你们这么热情，又是泡茶又是聊天，你们服务态度很好，现在不买都不好意思了。于是就让朋友转账过来埋单了！

无独有偶，某劲霸专卖店也遇到了钱不够的顾客，看看他们是怎么应对的。

在即将关门的时候，店里来了一对夫妇，穿着很朴素，员工还是热情接待了他们。

因为赶着下班，员工都忙着搞卫生，所以推荐商品时没有平常那么有耐心，交谈中得知想看件打底毛衣，夫妻俩也感觉到了员工的心情，随意试穿就决定购买了。

埋单时刚好经过高档皮衣区，老婆随手摸了一下，正在搞卫生的另一员工看到了，马上拿着衣服跟着到收银台，介绍了今年我们公司皮衣的性价比，老婆很认同，又给老公买了。老公好像有点舍不得，于是店长和员工夸了他们夫妻恩爱，老婆这么体贴，老婆更加决定要打包，老公是个话不多的人。

埋单时，老婆才发现钱带少了，一下子有点尴尬，我们店长马上说没关系，要不我们陪你们回家拿。结果店长和员工一起来到了顾客家里，夫妻俩特别感动，留我们员工在他们家喝茶吃点心，临走时，硬是送了好多水果给员工。这次以后，夫妻俩成了我们的常客，还经常带朋友来店里，和员工都成了好朋友。

顾客借力成交法

有时候导购说的话，顾客不信，但是其他顾客说的话，顾客反倒相信。所以，很多导购就去借顾客的力，促成销售。

下面是浙江湖州大吉女装店店长姚萍的分享：

【在老顾客的帮助下顺利成交这单】

今天很幸运，来了一位老顾客，好久都没见到她了，她不仅自己买了，也帮我成交了一单。

一进门，我就热情地招呼她，夸她越来越瘦了，穿得那么洋气。

她幽默地说了句："还好，就是脸瘦了，打了瘦脸针。"

我给她倒了一杯水，然后拿了几款衣服给她试。我比较了解她，知道她喜欢时尚、有女人味的衣服。

不久，又进来一位帅哥和一位美女，同事娇娇接待了美女，给她试了好几款衣服。

我看见男的坐在那里玩手机，就积极地倒了一杯水给他，男的客气地接了水，我就主动跟他寒暄了几句，又过来夸娇娇接待的这位美女身材真好，很适合穿连衣裙。

从聊天中得知他们要出去旅游，在隔壁（也是我们家的店）试了一款连衣裙，有点犹豫不决，于是来我们这边再看看。美女对我们家这款连衣裙很满意，娇娇也把她在隔壁试的那款拿了过来。

店里在搞"买一送一"的活动，很划算。

当她试穿一套花色裙子时，我看到她脚上的白色高跟鞋，就立刻拿了我们家的小白鞋让她穿，说："出去玩，穿这款花色裙子搭小白鞋绝对完美，既舒服又好看。"

她换上了小白鞋，我则把她的白色高跟鞋拿过来擦鞋油。

我的老顾客看到我擦鞋，夸我人好，说每次买衣服都找我，因为我很会为她们顾客着想，又夸了美女穿这件花色裙子很漂亮，说自己之前也买了一件。

我帮美女擦好鞋后，又帮帅哥擦鞋，鞋擦好后，帅哥很爽快地站了起来，说："就拿这两件（花色裙子和小白鞋）。"

美女换上自己的鞋子后，夸我服务太好了，开心地付了款。

因"买一送一"，所以这一单才359元，虽然不是大单，但我们做到了"二拍一"和良好的服务，通过跟顾客非销聊天拉近了距离，又多亏我的老顾客都我赞美美女，这让我感觉到了销售中的信任与快乐。忙场时，既要带好自己的顾客，也要多夸一下其他同事接待的顾客，并给她们提供良好的服务，这样成交率会很高。平时也要维护好自己的老顾客，她们不仅会帮你成交，也会给你带来新顾客，总之会给你意想不到的惊喜。

试鞋服务

顾客试穿鞋子时，导购尽量不要把两只鞋摆在一起，而是分开摆在顾客两只脚的前面，很多顾客感觉得到我们的用心与细心。

导购可以半蹲式服务，从而突出顾客的尊贵。还可以帮顾客脱鞋、穿鞋，这份心意非常宝贵，顾客会觉得我们的服务很温馨，甚至不买都不好意思。

顾客穿好鞋后，导购可以关心地询问顾客：

"您的脚跟完全踩下去了吗？"

"您的脚趾完全伸开了吗？"

"鞋子包脚吗？"

"感觉舒服吗？"

如果顾客不满意，一定要仔细询问是哪里不满意？

通过询问了解了顾客不满意的地方，可以迅速找到令顾客合意的鞋子。

如果没有其他更加合意的鞋子，也可以利用一些工具适当地改善。例如，顾客觉得太紧，可以用撑鞋器将鞋子撑大一点；如果鞋子太大，也可以考虑在后脚跟部位贴上后跟帖；如果磨脚，可以建议顾客回去后用醋擦拭几下，把鞋子磨脚的部位软化一下。

顾客穿好鞋后，导购可以建议顾客："麻烦您走到镜子前面照一下。"让顾客来回走几步看看，在动态情况下看是否合适。导购的身影不要出现在镜子里，给顾客一个纯净的背景。

导购还要有肯定的目光、搭配建议、让顾客联想的描述，如下：

"这款鞋子秋天搭配风衣，女人味十足；冬天搭配黑色或者白色的羽绒服，立显高挑的身材。"

"这款鞋子可以搭配一条破洞牛仔裤，把裤脚卷起来，把脚踝露出来，再穿上一件白色 T 恤，那可是青春靓丽；如果天气变凉了，再披上一件风衣，那可美了！"

"这边还有休闲鞋，今年流行搭配裙子裤子，都很年轻化，并且很舒服，出去玩拍照也很好看。"

为了能够多卖一双鞋，我们在拿鞋给顾客试穿时，可以以两双为单位拿。如果顾客要高跟鞋，我们可以拿一双高跟鞋和一双平底鞋给顾客试穿；如果顾客要新鞋，我们可以拿一双新鞋和一双特价鞋；如果顾客要休闲鞋，我们可以拿一双休闲鞋和一双商务鞋。这样的话，顾客有可能两双都买，也有可能给父母或其他家人买一双鞋，从而增加连带销售的机会。

如果顾客两只脚大小不一，我们可以将偏小的那只鞋撑大，也可以在偏大的那只鞋贴上后跟帖。

"二拍一"的重要性

在鞋服店，团队合作又通常称为"二拍一"。

在试衣服务的环节，很多时候一个导购是忙不过来的，即使忙得过来，一个人的能力和气场总是有限的。如能充分发挥团队作用，导购之间友好合作，那么就能为顾客提供更好的服务，提升顾客的满意度和成交率。

经验表明，两人合作的成交率远高于一人单打独斗。

有效的合作需要较为明确的分工，一般而言，谁接待的顾客，谁就充当主攻手，协助的导购充当副攻手。主攻手主要负责与顾客聊天、赞美、服务、探寻需求、满足需求、解答顾客的疑虑等；副攻手主要协助服务顾客及同伴、拿货以及其他辅助工作。

以下是山东诸城的导购曲炳红关于"二拍一"的分享：

通过培训我们学到了"二拍一"技巧，完成了一个充单。

这天，来了一位顾客，我帮她挑选了一件毛衣，她很满意。这时我跟顾客详细介绍充单，在顾客犹豫不决的时候，同班窦园园忙完过来，又说了充单的好处，通过协助服务，顾客充单了。

俩人合作成交率远高于一人单打独斗。

再来看看浙江湖州织里镇导购小红的感受：

经过今天我真正地感觉到了什么叫团队，今天真的要感谢小华和小星，感谢小华给小朋友扎辫子，让小朋友开心，感谢小星一直在跟顾客的老公说话、倒水以及逗他们的孩子玩，如果不是她们两个的帮忙，我不知道这单能不能成。

"二拍一"若能有服务加持，那么威力将大大加强。

【"二拍一"和服务成就了4连单】

我们店里的同事不会因为是其他人接待的顾客就不帮不管。

一天店里来了两个顾客，一个是来买衣服的（美女A），一个是陪逛街的（美女B）。

美女A去试衣服了，美女B坐在沙发上。

美女A试衣服出来的时候，美女B说不是很好看。

我发现不妙，就自来熟地把手放在美女B的脖子上，说："你今天穿的衣服很好看，你脖子上的这个项链很搭你身上的衣服。咦！忽然想起来我有学过颈部按摩，按摩手法还过得去，很舒服，要不要体验一下？"

美女B一听心动了，说："好呀。"

我心想留住顾客的机会来了。

这按摩我也是刚刚学的，给美女B按摩的过程中，美女A试衣服出来了，效果还是挺好的，而且美女B也开始站在我们这条线上了，帮我们说话。

在跟美女B聊天过程中，得知她们是姐姐和妹妹的关系，都是有钱人，就是花钱不够爽快。

搭档小红则给美女倒酸梅汤喝，喝完一杯又倒一杯，一共倒了四杯。

小红一边给她们姐妹倒酸梅汤，一边给美女B护手。

我们的服务给小华创造了机会，小华有了充足的时间去搭配衣服，配合得是非常好，而且服务做得也很到位。

但是到埋单的时候，她们纠结于价格的问题，想要更便宜，不是差钱，是想要占便宜。

美女A说："如果你不给我打个折扣，我就不买。"

无论怎么说都没用，然后她们走出门外。

虽然不是我的顾客（是小华接待的顾客），但是我不甘心，毕竟按摩花的时间也不少，小红护手也很用心，还倒了四杯酸梅汤。

正在她们要骑车走的时候，我冲出门外，拉着美女A的手，想要跟她再说说，可美女A一直没给我机会说话，让我憋得不行。

她们还是走了，走的时候我跟她们笑着说拜拜，而且我感觉她们会回来。

果不其然，没过多久，她们真的回来了，而且美女B也带了一套衣服走，一共带了4件！

团队合作能为顾客提供更好的服务，而且气场更大，能大大提升成交率。

下面是山东莒南某女装店的导购彭翠艳的亲身经历。

今天下午3点多钟，我看见一辆车驶来停在了店门口却没人出来。

我站在店门口看着，过了很长一段时间车门终于打开了，出来一位有些胖胖的美女，我马上迎上去请她进来（这是下午我接班三个多小时以来进店的第一位顾客，所以格外地珍惜）。

我倒了杯水给她后，慢慢地给她介绍货品（从聊天中得知她想买件最近几天就能穿的衣服），从夏款到秋款几乎没有几件她能穿的，尺码都小了（因为她有些胖），就一件薄外搭和一件真丝内搭她穿着还不错，看她的表情也比较喜欢，但是她好像还不是很满意，让我先放回去，她想再看看其他衣服。

就在这时，店长赵红走过来和她打招呼，问她选上衣服了吗，她说没有合适的。

赵红接着说："刚到货的那些新款不是很好吗？！"

她眼睛一亮，问："什么样的？"

赵红马上拿了刚才她试的那款给她，接着又让我拿了那件真丝内搭给她让她试穿，她说刚才试过了，再试试也行。

穿出来以后我们都说好看，又很显肤色，她自己看了看说："要不就要这两件？"

这时李婷婷也过来说："你穿着很好看，我再给你熨烫一下就更好了。"

就在我要给她开票时，她又开始和我讲价，非让我给她优惠。

这时赵红过来把她拉到沙发上，让她坐下，一边和她聊天，一边给她按摩，我就用护手霜给她保养手。

就这样，我们的服务打动了她，她一分没少地付款 938 元。

我拿过婷婷熨烫好的衣服连同衣架一起给她送到车上，挂到座椅靠背上（因刚熨烫完的衣服有点潮湿，打包容易皱）。

美女说："衣架就不要了吧。"

我说："没事的，送给你了。"

她说："谢谢。"

美女很开心地和我们挥手道别，开车走了。

很感谢赵红和李婷婷，没有她们两个的及时配合和帮忙，我这单不一定能成交。

如果只有一名导购上班，那么没法"二拍一"；但是如果有两个人以上上班，就可以加强"二拍一"合作。由于每个人的能力、性格等不同，在初期合作的时候，可能有一个星期左右的磨合期。过了磨合期，就会越来越默契，成交率将会明显提升。

男装店积极的试衣心态

关于男装店的试衣服务，有两种截然不同的服务态度。

一是消极态度，持消极态度的导购认为，男士们嫌麻烦，一般不愿意试穿衣服。如果导购比较消极，是不容易成套销售的，成交率也会较低。

二是积极态度，持积极态度的导购认为，男士们多试几件衣服，一般都会买。

回想起本人的一次购物经历，当时我想买一条裤子，可是美女导购通过试衣间的门缝连续递进来 6 件衣服，既有裤子也有上衣。其实这 6 件我都不满意，但是面子上也过不去，于是买了其中一件最便宜的 T 恤。

既要多试穿，又要避免"决策瘫痪"

经验表明，选择多不一定是好事，在心理学上这种现象叫作"决策瘫痪"，指过多的选择下，人们会因为对比选项耗费的精力过多而直接放弃决策和购买！简单地说，顾客一件一件地选择和判断，开始比较愉悦，后面可能会很烧脑、很辛苦，心情也会变得烦躁不已。有时候，顾客突然发现自己还有其他事情要办，于是会放弃购买。例如，一位女性选了几件衣服，但是拿不定主意，突然一看时间，小孩放学了，她要去接小孩，于是急匆匆地走了。

所以，到了一定的程度，导购要开始做减法，可以对顾客说："这件米色毛衣显胖，还是这件黑色的比较好"，能开单的先开单、埋单。

尽量在店内完成比较

很多时候，我们为顾客提供了良好的试衣服务，而且顾客也喜欢试穿的衣服，可是依然没有埋单，其中有一个重要的原因是顾客没有完成比较。

有的顾客想买一件同类款同等品质的衣服，但是价格更低的，所以还想多逛几家店。

有的顾客则是想花同样的价钱买到品质和款式更好的衣服。

有的顾客则是精益求精，想买到尺码更合身、款式更喜欢的衣服。

其实顾客心里并没有明确的目标，顾客只是想通过比较买到更合适的。

如果顾客在我们的店里能够完成他（她）想要的比较，那么，那就会择优购买，没必要去逛其他店了。

如果顾客感觉尺码大了，可以拿件更大的给他（她）试穿、比较。

如果顾客感觉贵了，可以拿件便宜的给他（她）比较。例如，他（她）说双面羊毛呢贵了，拿件单面羊毛呢给他（她）比较。双面尼内外的面料都是羊毛，而单面尼的里面一般是涤纶内衬，一比就知道了。

我们来看一个真实的销售场景。

顾客说："那么贵啊！"

导购解释说："好的衣服面料就是不一样，一件羽绒服 800 多元不贵呢。我们店里 300 多元的羽绒服也有，但面料跟毛领都不一样呢。300 多元的羽绒服含绒量很低，而且毛领不是兔毛，是化纤的。"

顾客说贵了，拿件便宜的给他（她）比较，让他（她）明白贵在哪里。

还可以帮助顾客完成款式的比较、风格的比较。例如，顾客可能觉得某件衣服太潮了，那么可以拿件更潮的给他（她）比较；顾客可能觉得领口低了一点，那么可以拿件领口更低的给他（她）比较。消费者往往都有中庸的心理，这样经过比较，他（她）可能就买了。

有时候，我们可以跟顾客说："这件衣服您穿着效果挺好的，外面这么冷（冬天）或这么热（夏天），别着凉了（冬天）或别晒黑了（夏天），直接买这件得了。"

6. 深度破解嫌价格贵顾客的成交方法

很多顾客会讨价还价，有很深厚的传统文化背景，中华民族是勤劳、勇敢、节俭的民族，很多人即使买得起，也希望能够再便宜一点。

很多顾客对于中意的商品，有一个愿意支付的最高价格，例如，对于某件衣服他（她）最多愿意支付 360 元，当然，他（她）希望实际支付的价格越低越好。

而顾客愿意支付的最高价格，则跟导购、店铺和货品给他的综合印象以及他本人的需求或者说喜欢程度相关。

导购在这一过程中可以起到积极的引导、推动作用，让顾客从主观上认为该商品值这个价；同时导购可以引导、刺激顾客的显性需求和隐性需求，进一步促成交易；导购还可以通过温馨服务、赠品等方式，在一定程度上代替顾客的还价。

我们来看一个顾客还价的情景。

有个衣服 299 元，顾客说："260，我就要。"

导购崔姐姐说："不行，我真不能给你便宜，我们有规定的。"

顾客又说："270。"

崔姐姐说："我也是打工的，我也想给你，给你便宜了，我就要垫钱还要罚款。"

顾客说："280 吧。"

"哈哈哈，你们在玩挤牙膏的游戏啊！"服装店老板来了一句，"放心吧哥，能便宜我们肯定给你便宜，真不能便宜，理解一下，给你挑的都是适合你的，多帅！"

顾客刷卡！

卖个衣服斗智斗勇的！

上面这个销售情景中，顾客显然是很想要这件衣服的，只要导购崔姐姐不犯低级错误，真诚而积极地回应，基本都能成交。

面对顾客提出的价格异议，首先我们要表示理解，不要瞧不起还价的顾客，相反要保住顾客的面子，因为讨价还价是很多人的习惯与本能，如果我们不理解，那么我们内心的抵触情绪，顾客往往是能感觉得到的，从而导致对立，所以，我们需要树立"顾客永远是对的"这一理念，多从自身寻找顾客嫌价格贵的原因，多点认同顾客，不断改善自己。当顾客提出异议时，一般人的本能反应可能是直接或者委婉地反驳、争辩，而不是理解。那么，对于一名职业导购来说，需要不断地自我修炼，若能持续修炼一个月左右，当顾客提出异议时，第一反应将会习惯性地理解。

下面案例是河南新乡平原商场的商家刘巧玉女士分享的，她的妹妹刚从事服装行业不久，销售方法相对较少，面对顾客的还价不知所措，有点着急，声音就变大了，然后跟顾客之间有点争执，于是顾客就走了。幸好刘巧玉在场，出门把顾客再次邀请进店，成交！

我妹妹在接待顾客，因为说话不婉转，差点跑单了。

还好，这顾客都走出店门了，我又把顾客给拉了回来。

情况是这样的——

两件衣服615元，还给便宜115元，最后只需要500元，但是顾客只肯出480元。

唉，我也是醉了，我在店内的仓库听到妹妹的语气不对，有点急，出来看时顾客都走出去了……

我赶紧出来喊："姐，怎么了，你刚试的衣服我看了，可美呀……"

顾客说："我就出480元，中就要，不中就不要。"

我赶紧问妹妹："多少钱的衣服？"

妹妹说："615元的。"

我赶紧说："姐，不要站外面，进来吧……"

我走到她的身边，像很熟的闺密一样挽住她的手臂，说："我妹妹没做过生意，说话直，刚才声音也有点大，不好意思哈！"

她说："没事没事。"

我说："姐，你放心，我给不了你最低的价格，但我能给你好的品质，这次不买没关系，下次你来新乡肯定要来我这里看看，妹妹给你的价格确实不挣钱。"

我又把她试的衣服穿我身上看看，说："你看，我可都喜欢，你也不差那20元，拿走吧姐！相信我，下次你还会来！"

她交钱了，500元成交！

事后我说："妹妹，你说话太急，刚才你和顾客之间在争执价格，顾客会有压力和对立情绪，很容易跑单。"

妹妹点了点头，表示默认。

我想说的是，即使顾客还价还到我们心烦，我们也要冷静冷静再冷静，这样才能用更好的办法应对她。

其次，我们需要了解自己的商品，力争从专业的角度说明这个售价对于顾客而言是物有所值的。

最后，不要通盘纠结价格问题，可以将顾客嫌价格贵的问题转移至其他方面，例如转移至服务上面来。

克服价格贵的心理障碍

导购的心理状态，顾客往往是能够感觉得到的。导购自信，认为价格物有所值，顾客感觉得到；如果底气不足，自己都认为价格贵了，顾客也感觉得到。如果顾客感觉到了导购的语气不自信，可能就真的认为这件衣服很贵，更不敢购买了。

导购要对自己销售商品的性价比充满信心，对自己的搭配更要有信心。如果商品卖给了合适的顾客，那么对于顾客而言一定物超所值，至少物有所值。

合适的衣服，能够放大顾客自身的优点，例如，高跟鞋搭配高腰裤子，令女士显得更加修长高挑；也能够弥补顾客自身的缺陷或者不足，例如，有的衣服可以从视觉效果方面遮住较胖的肚子。总之，顾客穿上我们推荐的衣服后，男的有望变得更帅，女的更漂亮，或者显得更年轻。因此，物有所值。

顾客穿着新衣服面试时，说不定因形象更好而找到一份好工作。

男士或许得到女性的芳心，女士或许得到男士的爱慕。

故此，我们多想想它对于顾客的价值是多少！衣服不仅是衣服，价值成千上万块！

我们要彻底地相信自己的衣服物超所值或物有所值。

信任来自于熟悉，所以，我们要像照镜子熟悉自己的脸一样熟悉自己的货品，进而相信自己的货品。

"业绩可以提升5%"

在福建莆田某女装店，一位来自重庆的女孩子看中了一款红色毛线裙。可是她嫌价格558元太贵了，犹豫不决。

我了解到，她在一家鞋子批发市场的档口做店员。于是，我说："你穿上这件红色毛线裙上班，业绩可以提升5%。"

她疑惑地看着我，问："为什么？"

我说："你们职场女性平时都喜欢穿黑色、灰色、白色或者其他深色衣服，那么多档口，不容易被发现。你穿这件红色的毛线裙上班，客户隔老远就看到你了，订单至少增加5%。"

她笑了笑。

我还说："你穿这件毛线裙走在街上，回头率一定很高。"

说到这里，她不再纠结，买了。

保住顾客的面子

还价是顾客的一种本能反应。有时候，衣服已经特价了，顾客还是会还价。对于还价的顾客，即便你内心很气恼，但是一定不要直接拒绝，要保住顾客的面子，否则，不仅这次顾客不会买，还下不了台，下次也不好意思来了。

导购这样说，顾客心理上会平衡一点。

例如，某顾客说："给我打个8折。"导购说："姐姐，我们老顾客买五六件也都是8.8折这个折扣，你1件就享受8.8折呢。价格你不用担心买贵了，买件好的衣服过年，穿出去也有面子是不是？！而且这件羽绒服穿着又不显臃肿，做事也轻便。"

我们还可以说：

"我们价格定得比较实在，绝对不是抬高价格再打折的那些！"

"您放心，我们是全国统一零售价，价格非常稳定的，不会出现你买了之后不到几天就降价，那样的话你心里肯定很不舒服。"

话术能解决部分价格贵的问题

下面，为大家提供五个关于价格贵的话术参考模板，导购可以根据自己店铺和顾客的具体情况适当改编，并运用到工作中去。

参考模板一

哎呀，王小姐，我真的想做您的生意，但确实没有办法满足您的要求。王小姐，我真心向您请教，如果我们要做成生意的话，您觉得除了价格之外，我还可以在其他方面为您做些什么呢？

参考模板二

王小姐，这款衣服非常适合您，不穿在您的身上真的很可惜。王小姐，其实价格上我们确实已经给您最优惠了。这样吧，考虑到您也是我们的老顾客（考虑到您是第一次买我们的衣服），一向支持我们的工作，我个人送您一个很实用的赠品，您看这样成吗？（只要顾客稍作沉默就立即把赠品放到王小姐手里）

参考模板三

美女，请稍等，您穿这种风格的衣服很好看，其实我们这儿还有几款衣服，款式、风格类似，但价格相对实惠，我拿给您看看吧，您买不买无所谓，反正您都来了，我也帮您介绍一下，好吗？来，这边请。

参考模板四

大哥，您也知道，我们品牌是靠走量的，价格定得比较实在，不会先抬高价格再打折的，其实大哥您穿这件衣服挺合身的。

参考模板五

先生，请您稍等一下，我发现您穿这个风格的衣服很有品位，其实我们这里还有几件类似的款式和风格，是我们的推广款，性价比更高，我拿给您看看，反正您都来了，我也帮你介绍一下吧。

常见的顾客问题、解读及导购应对技巧

技巧一

顾客：试穿很满意，但一看到价格就不买了。

解读：对于价格型的顾客，他们对于价格比较敏感和在乎，同时对于款式和品质相对不那么看重，所以，我们可以帮助顾客寻找更低价的类似款式，让顾客从高价到中低价选到适合自己的商品。

导购："帅哥／美女，请您稍等一下，我发现您穿这个风格的衣服很有品位，其实我们这里还有几件类似的款式和风格，是我们的推广款，性价比更高，我拿给您看看，反正您都来了，我也帮你介绍一下吧。"

技巧二

顾客：觉得衣服太贵了，说不需要或是没有必要买这么好的衣服。

解读：理解、尊重顾客，帮助顾客加强信心，也可以帮助顾客寻找更低

价的类似款式，让顾客从高价到中低价选到适合自己的商品。

导购："是的，先生，你蛮有眼光的，我们店里这几款最高档的衣服被你一下子就发现了。这件衣服的质量、面料、款式确实很好，同时性价比更好，物有所值啊，男士难得出来买一次衣服，一买就是精品，您说呢？！"

导购："美女，是的，你蛮有眼光的，我们店里这几款最高档的衣服被你一下子就发现了。这件衣服的质量、面料、款式确实很好，同时性价比更好，物有所值啊，女士买衣服买的是一种感觉，这件衣服既有品质又有品位，所以您更加有感觉，您说呢？！"

技巧三

顾客："这衣服不就是普普通通的化纤面料吗？价格为什么还这么贵？"

解读：利用专业知识让顾客信服，同时可以运用比较法。

导购："是的，先生，确实以前也有一些老顾客提出过类似的问题，不过后来他们才知道，其实化纤也分很多种，有普通的和精细的，这就好比香烟，有几十块一盒的，也有几块钱一盒的，就是同一种香烟，硬盒的和软盒的价格都不一样，我们品牌用的化纤都是高端的，是经过严格挑选的。"

导购："是的，小姐，确实以前也有一些老顾客提出过类似的问题，不过后来她们才知道，其实化纤也分很多种，有普通的和精细的。这就好比口红，有几百块一支的，也有几十块钱一支的。还有面膜也是，有几十块一片的，也有几块钱一片的。我们品牌用的化纤都是高端的，是经过严格挑选的。"

技巧四

顾客："一件羊毛衫要900多，有没有搞错，也太贵了吧！"

解读：肯定顾客的品位和眼光；专业解释贵之所在，同时可以拿件便宜的羊毛衫做对比，进一步突出这件衣服贵得物有所值。

导购："哈哈，帅哥／美女，您真有眼光，一下子就挑到了我们店最贵的羊毛衫，这是高档的美丽诺品牌羊毛，含毛量达到了95%！您穿上这款羊毛衫后，就会发现它是物有所值的，不管是面料上还是设计款式上都是很用心的，不仅穿起来舒适、保暖、透气，还显得非常有档次和品味。您看另一款羊毛衫，它的光泽看起来也不纯正，手感也稍差一些，因为它的含毛量较低……"

技巧五

顾客："衣服款式和做工等方面我都挺满意的，就是感觉价格高了。"

解读：首先，认同顾客满意的部分；其次，告知价格高的原因；最后，可以转移话题。

导购："是的，以前有许多老顾客也是这样说的，他们认为衣服的款式、版型及做工等都很好，确实，如果单看标价的话会让人有一点点小贵的感觉，但我们在设计、款式、面料的选择上都非常严格，做工更是追求完美，所以顾客都特别喜欢，买了也会经常穿。如果买一件衣服只穿一两次就收起来，这样从价格上看也不划算，您说呢？来来来，您逛街这么久，也累了，我刚好学了一点按摩的手法，帮你按一下。"

技巧六

顾客："你们跟 ×× 品牌质量差不多，不过价格却比他们高很多。"

解读：顾客永远是对的，所以我们首先理解顾客，不然容易产生对立；也不要直接贬低 ×× 品牌，否则顾客会很尴尬或者认为导购说他（她）没品位；我们可以引导、转移到一些不同之处，因为有差异化了，所以就不好直接比较价格了。

导购："是的，看得出您对服装有一定的了解，两个品牌在风格和款式看上去比较接近，同时，我们品牌在品牌价值、面料选择、生产工艺、剪裁与版型以及服务等方面都有一些不同，就拿面料来说，您看看吊牌，我们这款双面呢的含毛量是 70%，其他店一般只有 30%~50%；您再看看拉链，我们用的是品牌拉链，您自己拉拉看，是不是很顺，一点都不卡！"

技巧七

顾客："为什么你们的衣服要比别人家贵那么多啊？"

解读：顾客可能是认真比较过，也可能只是为了还价而随意想出来的一句话。无论如何，理解顾客，不宜也不必纠结、贬低别人家的衣服，以免有的顾客认为我们不够正派，但是可以耐心解释、安抚、响应顾客，因为很多顾客要的就是一种积极的回应。

导购："是的，不只是您，之前有好几位顾客一开始也提到过同样的问题，不过后来他们不仅成为我们的忠实顾客，还帮我们介绍了好多新顾客呢。因为他们认为我们这里的衣服做工精细，质量与售后服务也有保障，最关键的是在我们这里买衣服，不用担心价格总变，比较保值，不然您买了之后很快降价，那您心里肯定很不舒服。"

技巧八

顾客："像这种款式和面料在其他地方只卖300多元，为什么你们要卖400多元呢？"

解读：顾客可能是有备而来。确实，现今服装同质化，某些服装一旦好卖，市场上就会模仿，相同款式价格卖得高，则需要更好的品质，以及更好的口碑和服务。

导购："帅哥/美女，您这个问题提得非常好，我们以前也有一些老顾客提出过这样的问题，确实现在市场上有些服装店在卖与我们款式和面料类似的衣服，我也仔细去了解过，我相信你也可能发现了，其实我们家的衣服主要是从广州进的货，是原版、原单，我们敢提供质量保障以及相应的售后服务，而很多店是就近在一些批发市场进的货，很多都是仿版，面料洗过几次就可能变形、起毛、褪色；所以，不管是质量、成色技术、板型、做工以及售后服务等，仔细比较都可以比较出来，穿起来差别更大了。"

技巧九

顾客："来你们店好几次了，我是诚心诚意的，你再便宜点我就买了。"

解读：不可因顾客来了好几次，就认为吃定顾客了，相反，要感谢顾客，尽量了解并打开顾客的心结，帮助顾客开心地做出购买决定。如有优惠或赠品权限可以酌情运用，也可以将价格问题转移到服务上面来。

导购："是的，非常感谢，您穿这件衣服真的很好看！如果还可以再便宜点的话，早就卖给您了，只是我们定的是实价，不会搞抬高价格再打折这种套路，我们希望给您提供更好的品质和服务，例如以后可以帮您免费熨烫。价格是公司统一制定的，我特别想给您再便宜一点，但是真不敢，我私人可以给您送一个实用的礼品，价值还超过刚才您要的优惠。您是微信支付还是现金支付？"

技巧十

顾客："衣服我觉得还可以，便宜点，再少30元我就要了。"

解读：不可直接拒绝顾客，保留顾客的面子，并给予更多的理解。可以将价格问题转移到服务上面来，如有优惠或赠品权限可以酌情运用。

导购："是的，您的心情我能理解，如果可以少的话，您开个口都不止30元。我是真心想卖给您，因为我不仅有提成，而且业绩好，有面子。要不这样吧，您以后啥时候有空逛街，只要来我们店里，我都帮您免费熨烫衣服！上次店里搞活动，我特意留了一些赠品，本来是VIP才能送的，这样吧，我送您一份礼品！"

技巧十一

顾客："每个月都来你们店，已经是老顾客了，都没有什么优惠吗？"

解读：感谢顾客，如果条件许可，需要时可以送给顾客一份实用的小礼品，如鞋垫、袜子、鞋油、鞋擦、水杯等。

导购："您好，真的很感谢您这么长时间对本店的厚爱和支持。您是老顾客，我想您一定知道我们的价格一直非常实在，并且面料精细，做工精良，售后服务等方面也非常完善，这也是受到很多像您这样的老顾客喜欢的原因。我们更希望真正地对老顾客负责，这样您才会对我们的服务更加满意，甚至帮我们做宣传，您说是吧？为了表示对您的感谢，我跟老板申请送您一份礼品！"

技巧十二

顾客："我每年都买你们那么多衣服，应该给我一个特别的折扣。"

解读：感谢顾客，如果条件许可，需要时可以送给顾客一份实用的小礼品，如鞋垫、袜子、鞋油、鞋擦、水杯等。

导购："先生，真心感谢您这么多年来对我们的支持。其实您也知道，每个品牌打折的原因都是不一样的，而我们公司更关注的是能够提供更好品质的衣服和服务给顾客，毕竟价格只是一部分购买因素，如果衣服您不喜欢的话，再便宜您也是不会购买的。为了表示对您的感谢，我跟老板申请送您一份礼品！"

技巧十三

顾客："我可认识你们老板哦，你给我再优惠点，要不我给他打电话。"

解读：顾客可能真认识，也可能不认识老板，如果不认识老板，我们让他给老板打电话，就会弄得很尴尬，导致跑单。我们可以以礼品的名义，给顾客面子和台阶下。

导购："帅哥／美女，其实老板之前也特地交代过我们，只要是我们老板的朋友，包括老板的亲戚，都是用这个最优惠的折扣。刚刚给您的折扣，确实已经是我们老板的亲戚、朋友才能享受到的。要不这样吧，您穿这件衣服的效果确实很好，也是相当于帮我们在做形象代言，我私人送您一条高级围巾。"

关于折扣与优惠问题的简要参考话术

话术一

顾客："我不要什么积分和赠品，你把它们换作折扣抵给我吧。"

导购："您好，不好意思哦，价格是公司统一定的，这个我们动不了；但是积分和赠品是我们店铺自行决定的，所以感谢您的理解与支持。"

话术二

顾客："人家××店都打折，你们为什么不打折？人家赠品也比你们多，你们太不灵活了。"

导购："您好，非常感谢您的宝贵意见，我们店的定价比较实在，不会抬高价格再打折，所以价格比较稳定，也是希望每个顾客无论在什么时候到我们店里购物，都会有安全感。我们在市场上也是实行统一的价格，希望以实实在在的品质和服务对每个顾客负责。"

话术三

顾客："与对面那家店比起来，你们贵宾卡的优惠力度太低了。"

导购："是的，帅哥／美女，你的消费实力我很清楚，您在这条街是刷脸的贵宾，做品牌的谁不认识您？您是我们重要的顾客，我们一年都要见上好几面呢，都是老朋友了。您的意见我会很快向公司反映的，我相信公司也会重视这件事情，因为像您这样的钻石级顾客真的不多，为了表示对您的感谢，送您一份礼品，谢谢您。"

话术四

顾客："你们店的衣服什么时候打折啊？"

导购："您好，目前公司还没有这样的计划，但是根据以往的经验，如果公司要打折，会提前半个月左右通知我们，以方便我们做准备，所以，至少半个月以内不会打折。同时，每次打折时，往往畅销款式的尺码都不全了。所以，建议您看中了就买，现在买能穿几个月，到季末打折时再买，虽然便宜一点，但是穿不了多久了。"

话术五

顾客："我就是先试试，我经常逛街，等你们打更低折扣的时候我再买。"

导购："是的，非常理解，感谢你对我们品牌的关注，我们一直都是很少打这个折扣的，这次是公司统一策划安排才推出的，公司还专门补贴5%，所以有这样优惠的机会是非常少的，建议有喜欢的就先带走，活动很快就结束了，而且部分货品要退回公司。"

话术六

顾客："为什么你们的品牌还没过季就开始打折了？"

导购："是的，昨天也有个顾客跟我提出过这个问题，其实这主要是因为我们的服装卖得特别好，许多款式已经断码了，所以公司特别指示我们提早回馈顾客，您可以趁这个机会多选购一些，否则过几天你再喜欢，也不一定有适合你的了。"

话术七

顾客："好，就算不打折，那送一条领带给我吧。"

导购："您好，非常理解您的心情，您让我为难了，因为领带是要卖的，电脑里面有记录的，不是赠品哦，每个月要盘点的；但是为了感谢您对我们的信任，您已经要了两件，您再挑一件，我私人买下这条领带送给您。"

导购："您好，非常理解您的心情，您让我为难了，因为领带是要卖的，电脑里面有记录的，不是赠品哦，每个月要盘点的；但是为了感谢您对我们的信任，我申请另外一份相等价值的实用赠品给您。"

平时，各店可以利用早会、内训等，进行话术练习，大家轮流扮演导购和顾客。我相信，经过不断地练习、实战，大家在实际运用中会更加得心应手。

微笑与示弱有时也能成交

【示弱成交法】

有时候，示弱不是真的表示自己很弱，而是对于顾客的一种尊重。因为示弱而成交的案例比比皆是。下面来看看某男装店老板的分享：

我店里新请了一个小弟，人反应有点迟钝，顾客和他讲价，他就对着客人傻傻地笑。

不管你怎么讲，他就是很无害地对着你笑，到了埋单的时候该收多少收多少，顾客也不好意思和一个智商看起来这么低的人计较，老实埋单走人。

所以有时候，别在顾客面前表现得多么聪明，人只对比自己弱的人才有宽容心。你会算，客人就觉得必须比你会算，你表现太精明，给客人再多优惠他都担心被你坑了！

不可随意降价

允许还价的店，导购不可随意降价，否则顾客更不敢买。

有次，某中年大叔在一家男装店看中了一款棉服，标价是 1299 元，大叔问导购："600 元卖吗？"

导购毫不犹豫地说："好吧，你要的话就 600 元给你。"

大叔听到后，反而一声不吭地走了。他去了附近的男装店。

不到 10 分钟，他在别的店买了棉服。

上面这个案例，因为导购同意一下子降价 699 元，把顾客吓到了。

少数嫌贵离店的顾客会在半小时左右回来购买

顾客因价格问题而没有立即购买，甚至去其他店比较、选购，这是很常见的。导购不能因此拉长一张脸，让顾客难堪或反感。顾客已经试穿了这么久，我们也服务了这么久，如果因顾客暂时不想购买就给顾客脸色看，那么，此前的服务就真的白费了。我们不仅不要给顾客脸色看，还要对不买的顾客服务更好，这样的话，顾客往往会产生一定的亏欠感，如果他（她）在其他店没有选到更合适的，说不定就回来购买了。

我们来看下面这个案例。

下午，有一个女顾客来到我店。看她的穿着很朴素，表现得比较拘谨。一开始我向她推荐一些适合她的款式，她没有回应我。

我很耐心地和她继续沟通，她逐渐放松下来。

我接着为她推荐了两款外套，她一一试穿了，并对衣服的穿着效果表示满意。

但是她考虑到隔壁店正在做活动，她可以得到一些优惠，就想到隔壁店去看看，并很快走出去。

我礼貌地送她到门口并笑着对她说："姐，这几件衣服我看是蛮适合你的，如果那边没有合适的你就回来看看，而且我们店的衣服定的是实价，也很实惠嘛！"

她走后十来分钟，我看见她往回走，经过我们店门口时，我微笑着和她打招呼。

她也许感觉到我们热情的服务，而且对之前试过的衣服也满意，随后就进店购买了两件外套、一件打底衫、一条裤子，比我们预期的收获还要大。

顾客出门后会在半小时之内回来购买，跟我们之前的努力是分不开的。

少数嫌贵离店的顾客会过几天回来购买

有的顾客可能当时钱确实不够，或者非常纠结，但是只要我们耐心服务，顾客还是有可能再次光顾我们的店铺购买衣服的。

以下是临沂团练镇女装店店长葛晓艳的分享：

顾客第二天来买了一件连衣裙。

这位姐是本地人，嫁到淄博去了，这次回老家。

昨天，她跟另一位姐来了一次，听她说有肩周炎，穿脱衣服不方便，于是我说："我进试衣间帮你穿脱衣服吧。"

姐说："那太好了，我自己也脱不下来。"

在试衣间里试了五件衣服，姐出了一身汗，我也出了一身汗，最后觉得黄色的真丝连衣裙还不错，但是她闺女突然来电说有事，姐着急走，就没拿衣服，本想给她肩膀按摩的也没按摩成。

今早，这位姐带着她老公又来了，一进来我就说："姐，你来了，昨天听说你有肩周炎，但是你着急走，想给你按摩也没按摩成，今天一定给你按一下。"

姐说："你们镇上服务态度都这么好啊，把昨天那件真丝连衣裙再拿给我试一下。"

我小跑着给姐拿过来，直接跟着姐进了试衣间。出来后，她老公其实不是很满意，但还是对姐说："拿着吧，不拿你还得让我开车跑来。"

我说："哥，我姐气质好，皮肤白，这件衣服最适合姐了，很多人想穿都穿不出效果，正好这一件号码也合适，就是为姐留的。"

接着我给姐换下衣服，并让同事小吴熨烫一下。

我让姐坐下来，给她按摩了一会儿，姐说："按摩太累人，你都出汗了，别按了。"

我说："没关系的，我不累。"

姐说："这样一按，是挺舒服。"

　　我给姐提着包，高兴地把她送出门外，帮她把车门打开，把姐送上了车，跟姐说："下次回来，一定记得来我们店里玩哦。"

　　就这样愉快地成交了一单！

　　以下是山东某大卖场导购侯丽娜的分享：

　　前些天，有一位美女在卖场试穿衣服。刚开始，她试一件我挂一件，试衣期间，我得知她在益家园工作。因为还有其他顾客，这位试穿的美女衣服放得到处都是，其实我当时真的不想理她，可我们干的就是服务，我忍了。这女的没买，走时说过两天和朋友一起来看看，说了一些客气话，走后我数了数，她试穿了23件衣服！

　　过了两天，益家园这美女真的来了买了3件，又过几天，益家园一老板给员工买工作服买了7件，就是那美女介绍的。

良好的店铺形象及服务可以解决很多价格贵的问题

　　顾客进店前，根据自己感受到的店铺综合印象，会产生一系列条件反射，也会形成自己的预期价位。

　　例如，来到一些量贩式休闲品牌店，顾客对于短袖T恤的预期价位在39元到99元不等，如果进到店里后，短袖T恤的价格在129元，该顾客可能就会觉得贵了。

　　又如，某店在门外的促销海报上写着"全场特价39元起"，但如果顾客进店后发现并没有39元的衣服，或者39元的只是袜子，而且大部分都是200元以上，那么很多顾客就会觉得贵了。

　　总之，如果实际价位大于顾客的预期价位，顾客就会觉得贵了，成交率就会大大降低。

　　相反，如果实际价位小于顾客的预期价位，那么顾客就觉得不贵，成交率就会大大提升。

　　例如，如果我们的店铺看起来短袖T恤是79元的档次，顾客进去一看，好多短袖 T 恤的实际价位都是 59 元，那么顾客觉得物超所值，不贵。

又如，某店在门外的促销海报上写着"全场特价 3 折起"，但如果顾客进店后发现好多衣服都是 2 折起，那么很多顾客就会觉得很意外、很惊喜。

有一次，我在上海青浦某商场帮某知名运动品牌搞特卖。

特卖场地只有 30 平方米，我们放了 10 多个龙门架，龙门架上挂满了衣服，每件衣服上挂了一个折扣牌，"1 折、2 折、3 折、4 折、5 折、6 折"，最高是 6 折。

入口处的几个龙门架全部挂的"1 折""2 折"的折扣牌。

可是店外的横幅和海报写的都是"3 折起"。

很多顾客走进卖场看到"1 折""2 折"的商品，纷纷抢购，第一天的商品相对尺码齐全，成交率在 90% 以上，业绩高居商场第一名。

消费者看到促销活动，有兴趣的基本都会进店，商家写"3 折起"和"2 折起"，对于进店率可能会有一点影响，但是从实际经验来看，影响并不是很大，也可以说不同的海报吸引不同层级的顾客进店，但总体上进店人数大体相当。但是，如果进店后，顾客的实际感受价位小于预期的话，顾客往往会感到惊喜，会大大地提升成交率；否则，当顾客的实际感受价位大于心理预期的话，顾客往往会有被忽悠、上当受骗的感觉，成交率自然大大降低。

为了提升并保持良好的店铺形象，首先，导购要注重自身外在形象、言行举止以及需要树立专业的导购形象；其次，店铺商品陈列要整洁有序，并且随时维护好；最后，店铺清洁卫生、各种细节要维护好。

此外，不忽悠，不夸大，在消费者心目中树立诚信的商家形象，自然会得到广大消费者的信任和支持。

除了良好的店铺形象外，良好的服务也可以解决很多嫌价格贵的问题。下面我们来看一个皮鞋护理服务促成交的案例。

店里进来两个中年男士，让我给他挑选适合他们年纪穿的，我就给他拿了条麻料的灰色休闲裤。

试穿之后，他朋友觉得颜色不太好看，想要黑色，然后我去拿了两条黑色裤子给他试，让他对比。

最后他还是选择了第一条麻料裤子，但是一直嫌贵。

然后我们就利用擦鞋服务分散他的注意力，我们店里小伙伴说服他朋友，我说服他，终于成交了。

下面的案例是来自于山东临沂团林镇某店导购的分享。

进店的是一位五十岁左右的姐，进来找秋款，第一次我给她推荐了一款真丝的。

姐从试衣间出来后，觉得肩膀不是很合适。

看着姐出了一身汗，我边给她扇扇子边同她聊天。

这时候进来两位姐，正好跟这个姐认识，一进来就开始聊天。

接着我给姐推荐了一款雪纺连衣裙，号码合适，长短也合适，她朋友也说穿着真好看。

但是问题来了，就是价格问题，一直在讨价还价中。

我边给姐扇风边说："现在衣服降价，很划算只需要150元，原价都是299元的。"

姐还是觉得价格太贵，她那两个朋友一直说："你就拿着吧，人家小姑娘一直给你扇风，都扇一下午了（其实我不知道扇了多长时间，因姐真的太能出汗了，我还一直给姐擦汗，真的胳膊都酸了，两只手来回换着扇，我也出汗了）。

最后磨了好久，120元成交。姐的包里只有130元，留10元加油的。

这一单成交非常不容易，也多亏了两位姐的帮助。

这一单也感谢我的同事小吴和赵姐，赵姐和小吴给顾客又是拿枣又是端水的。虽然金额不多，但是我们用心服务了，最后也打动了顾客。姐临走的时候还说过几天还得来买衣服。

【赠品成交法】

赠品可以解决一部分嫌贵的问题，我们可以这样向顾客解释："价格是厂家统一的，如果擅自降价会罚款的！但是，赠品是我们自己的，厂家管不着，我可以跟老板申请送您一份实用的赠品！"

为了使赠品达到更好的效果，我们可以提升赠品的档次和价值感。例如保温杯，我们可以打开盖子，让顾客放在耳边听。一般而言，保温杯放在耳边，都能听到响声，越响保温效果越好。顾客一听到响声，可能会对保温的效果更加认可。

我们还可以突出赠品的稀缺性："只有最后几件赠品了，您看，客流这么大，下午2点前肯定送完！"这样往往能增加顾客埋单的概率。

还有就是，我们可以把稍微好一点的赠品放到收银台或仓库，在顾客选赠品时，我们专门为他（她）从收银台或仓库拿更好的赠品，这会让顾客更有优越感，增加埋单的概率。

下面我们来看看湖北葛店唐狮店利用赠品成交的案例。

7元小赠品，连带率大增！

这个月店在抓连带率，想着夏天蚊子多，就在淘宝上先拿了点礼物试试效果，结果出乎意料，第一批没几天就送完了，又补了一次。

从顾客反馈来看，效果很好！

因为是大批量拿，价格不贵，而且楼上超市就有，卖30多元，做的活动是满168元就送，大部分顾客可能本想买1~2件，想想反正夏天电蚊香液必须用，最后基本都是3件左右地拿（凑齐168元领赠品）。

赠品提升成交率的案例比比皆是，我们再来看看河南驻马店成哥利用赠品成交的心得。

今天把一对夫妻搞得一愣一愣的。烟、水、糖、两个赠品。啥都没说，开心地付钱走。走时那哥还说："我记得你了兄弟，下次我还来买！"

我买的烟是"芙蓉王"的，还有硬盒"中华"，碰见大单一千多的，他又抽烟的，直接拿出一盒大中华就搞定了（店员偷偷拿出老板珍藏）。

红包也有赠品的效果

这是个非常帅气的 91 年小帅哥，195 厘米高的个头，在读博士生，他说要结婚了！

鞋子是 399 元！妈妈还嫌贵了！

不能跑单啊，于是加了小帅哥微信，给他发了个 9.99 元的红包，并祝他结婚快乐！

他回了一个"谢谢"，他妈妈也看见了，立即埋单。

7. 冠军赢在附加推销

要想销售得第一

附加推销显威力

选择成交要常用

直接成交亦看好

热点成交需客观

哥伦布式捏分寸

关联推销求补缺

找零成交适配件

假设成交看时机

埋单还可再推销

不断增加串销率

销售超标奖金拿

附加推销的目的：提升连带率、客单价。店铺可以制定提升连带率的目标，例如，原来的连带率是平均每单 1.5 件，可以把目标定为 2 件。也可以针对各导购的具体情况来制定提升连带率的目标。

附加推销往往在顾客试衣环节同步进行，通常也在收银期间进行。

当顾客已购买一两件货品时，导购应主动取出其他款式的货品并介绍给顾客，因为附加推销是必需的，也是非常有效的提升连带率的手段。

具体有六个附加推销的时机：

（1）买上装配下装、买下装配上装。

（2）买裤子配皮带、买外套配帽子、围巾及手套等配件。

（3）有同伴陪同时可择机向其同伴推销；当顾客是情侣时，更可以情侣装配搭的主题加以推销（适合男女装都有的店铺）；也可以向顾客家里的亲友推销。

有一次，我在四川宜宾东街某店巡店，两位女闺密来店里购物。要买衣服的是一位本地女士，陪同者是一位东北的女士，她老公是部队的，前几年随老公调来宜宾。本地女士在试衣服时，东北女士就坐在休息区，显得很无聊。我对她说："你反正没事，也试一下呗，下次要买衣服时有个参考。"于是，她就开始试衣服。结果，由于穿着效果还不错，她买了 2 件，而那位本地女士只买 1 件。

除了向顾客同伴推销，也可以向顾客的亲人推销。例如，如果你的店里卖男女装，导购可以跟已婚女顾客说："帮你老公也带一条裤子回去呗。"

（4）有促销活动（例如，3 件减 30 元）、购物赠礼（例如，满 999 元赠送拉杆箱）、优惠充值活动时（例如，充值 2000 元当 3000 元使用）。

（5）把何时有补货到、何时有新货上柜或即将开季等信息告知顾客，便于届时光临选购，为顾客下次来购物打下基础。

（6）利用贵宾卡（VIP 卡）的申办条件，当顾客已购买两三件货品或购买金额接近贵宾卡申办金额时，导购应向顾客介绍贵宾卡的申办、使用方法及好处，以此鼓励顾客追加消费。

在日常工作中，我们可以随时随地进行二次推销。下面是苏州某女装店张丽琴的分享：

今天的最后一单是一对母女俩，她们进来是想选连衣裙的。然后我就给她推荐了好几条连衣裙，结果她都不怎么满意。因为她的上身不胖，肚子比较大，裙子都有点显肚子。我就给她推荐了一件黄色上衣和白色短裤，试穿后很满意，打完折是400多，她死活要还价，把零头去掉。我就跟她们说要不这样子，我送你一个吊带吧。她女儿看中一件吊带，我就让她女儿去试吊带。在试的过程中，我说这个吊带你要配个开衫会很好看的。然后她就试穿了，结果对开衫也很满意。就这样，多买了一件开衫。

总结：我们要在客人不经意的时候进行二次销售。

以下是附加推销的几个小窍门：

（1）主动／自信地推荐。例如，很多鞋店在顾客买鞋时，可以主动地推荐包、皮带或钱包等，不要认为这些东西只是卖场的陈列点缀而不去推。有一次，一名女士在佛山大沥镇的印心鸟鞋店买了一双鞋，店长陈迁迁利用促销活动主动地向她的家人推销了2双凉鞋，促成了一个3连单。

（2）可以在顾客埋单后再附加推销。

（3）附加推销价格更低，小配件的成功率更高。

下面这个案例，刘店长先是通过擦鞋服务感动了顾客，并赢得了顾客的信任。当顾客去商场收银台付款的时候，又提前倒好水等着顾客回来喝，顾客显然感觉到了刘店长的用心。于是在刘店长附加推荐小配件鞋油鞋擦时，爽快地埋单了。

这位哥哥是在海南岛做业务的，一进我们店，看到在搞促销活动，就说："我在南方，热，要选双凉鞋带回去。"

我微笑着给他选了一双特价299元的，因为他一进店我就打量好了，他适合穿什么款式的鞋子，以及穿多大尺码的鞋子，我已经心里有底了，于是直接给他选了一双时尚大气的商务凉鞋。因为我们凉鞋现在已经减价一段时间，尺码都不全了，我就给他选了这款比较适合他且尺码较全的商务凉鞋。

他坐下试鞋的时候，我就说："哥哥，您的鞋子脏了，我给您打理一下。"

这位哥哥的表情很惊讶，说："你擦一双鞋子要多少钱？"

我微笑着说："哥哥，我们是给您免费打理的。"

"那多不好意思，我们在南方擦鞋都收钱的。"哥哥说，"真是第一次买鞋子享受到这样尊贵的服务，我去那些店里买五六百上千元的鞋子，也没有这么好的待遇，你们店真是太棒了！"

他试了一下鞋子，二话没说，直接让开单。

他去付款的时候，我就给他倒了杯水等着他回来喝。

哥哥开心地说："哎呀，你们的服务太好了！都替我们顾客着想，真是第一次遇见。"

这位哥哥说："我在外面跑，鞋子都没有你给我擦得这么亮。"

我说："哥哥，你看你经常在外做业务，打理鞋子也不方便，我们家有一套鞋油鞋擦，很实用，你可以拿一套，也不贵，才50元。"

哥哥说："是吗？你看你的服务这么好，那就给我拿一套吧。"

我们要大胆地去推荐，虽然单不大！

同时，我觉得我们用心了，就能让顾客感觉到，有的顾客感动了，就会心甘情愿地掏钱，这就是我们努力的成效。

如果我们在服务与销售的过程中与顾客建立了一定的信任度，同时附加推销的商品价格较低，那么顾客很有可能再次埋单，给我们捧个场。

以下推销锦囊可以帮助我们调整心态及状态：

推销锦囊一：这位客人可能是您今天接待的第一百位顾客，但您可能是他（她）在店内遇到的第一位营业员。

推销锦囊二：也许您接待了很多顾客，可能会心情烦躁，但您的顾客大多是带者愉快的心情走进来。

推销锦囊三：箭就是商品的特性、优点和好处，靶心就是顾客的需求点。当箭准确地射中靶心时，顾客就被打动了。

推销锦囊四：同一货品在不同需求的顾客面前有不同的卖点，不能千篇一律。一个特性对这个顾客十分重要，对另一个顾客可能可有可无。

推销锦囊五：嫌货才是买货人。

推销锦囊六：顾客埋单后还可以推，推到不能再推！

下面是山东临沭某鞋店王悦的分享。

顾客埋单后还推了两双鞋

下午三点左右，店里来了一对年轻的小两口，先是大概地看了一圈鞋子，后面男顾客看着一款鞋说："这个还可以。"

我说："那我给你找一个能穿的号，你试一下吧。"

男顾客说："先不试了，我再到别人家看看。"

说着两人就一前一后地到其他店里试穿鞋子，没一会儿，我就看见店员已经开单，然后男顾客去商场收银台交钱去了。

这时候女顾客到我们家女鞋区看鞋子，我就凑了过去，她也看到了我，便问我："这个有我能穿的号吗？"

我微笑着说："有。"

女鞋区的邢林就去拿鞋子给女顾客试，这个时候男顾客交完钱回来了，我对他礼貌地笑了笑，他看到我在旁边，也不好意思地笑笑说："要不你把刚才那双鞋拿过来我试一下吧？"

我说："好啊！"

在试鞋的时候和他聊天，得知他们两人是做儿童早教的，他说现在不好招人，我就推荐他用58软件。

这时女顾客试好了两款运动鞋，问男顾客："哪个更好看一点？"

男顾客说："白色那个好看点。"

我也说："嗯，白色更适合你，款式也更好看些。"

可能当时女顾客也更中意白色的，所以就直接开单，她去商场收银台交钱了。

我帮女顾客把白色运动鞋系好鞋带，男顾客自嘲地说："我怎么就系不好呢，你看你系得这么好，是专门学过吗？"

我笑道："没有专门学过啊，只是熟能生巧，你应该在没事的时候练练了。"

男顾客也哈哈一笑，并起身照着镜子说："等下我老婆回来再帮我看看鞋子。"

我就倒了杯水给他，让他坐着等，很快女顾客交完钱走过来了，男顾客指着一款皮面有褶皱设计的鞋，询问她："这鞋怎么样？"

女顾客说了一句："挺好看的。"

于是男顾客就把这双鞋子穿上了，效果还不错。

此时，男顾客心里应该挺满意的，嘴上却说道："这鞋上面的褶像穿过一样。"

这时，我想起了"嫌货才是买货人"这句话，只有喜欢一样东西才会挑它的毛病，于是便跟男顾客解释道："这款就是这个褶皱才有特点，显得很时尚，别的款都没有这个设计。"

我又随手拿了一款其他的鞋子来对比，他说："这个跟我刚才买的差不多。"

这时他老婆也说："也就你脚上的这款还行。"

我说："还有一款跟这个一样，皮面也有时尚的褶皱设计，但是不用系鞋带的。"

美女说："我家里都是系鞋带的，你拿那个不系鞋带的给他试一下。"

穿到脚上后，男顾客说："刚才买了一个系鞋带的，再拿这个不系鞋带的换着穿吧。"然后就开单成交了。

男顾客去交钱的时候，我和他老婆聊天，她说自己脚大，好多皮鞋买回去都挤脚，就穿运动鞋还好点。我说我脚也宽，并教她用醋软化皮子，再撑一下，穿着就舒服了。美女很开心，最后还互加了微信。

我觉得，要是一开始我看他已经在其他店购买完了，不去理会，不去热情地服务，这一单也不能成。在这次销售的过程中，我真的把顾客当成了自己的朋友，有说有笑的，气氛也不会尴尬。

销售冠军赢在附加推销，而从不努力促成附加推销的导购，只能取得平庸的业绩。附加推销时，顾客拒绝是很正常的，不过，如果我们一直推的话，说不定顾客就心动了，就买了。在推销的过程中，再配以良好的服务，这样，成交的概率将会更高。

以下励志锦囊可以给我们注入工作动力：

励志锦囊一：我们做销售的，只要业绩好，天上的星星老板都会摘下来给你。

励志锦囊二：老板很想把钱给你，但还是需要你愿意把手伸出来接。

励志锦囊三：我们要加（＋）多一点努力，减（－）少怨天尤人，乘（×）机不断学习，除（÷）去不良习惯。

励志锦囊四：以平常心看人生。顺境是训练，逆境是磨炼。凡事尽力不强求。

励志锦囊五：胆大心细脸皮厚。

网上有这么一个故事：

一对夫妻，两个人从初中就开始恋爱了。有一天，老婆心血来潮问老公："初中时你暗恋我多久，才给我写情书？"老公答："当时想找个女朋友，就给全班每一个女生都写了一封情书，结果就你给我回信了。"总结：销售无诀窍，量大定江山！业绩不属于"70后""80后"，也不属于"90后"，真正属于胆大心细脸皮厚！

如果努力了还没有成交，不要急，因为顾客有两种类型：

时间型顾客：这些顾客往往需要了解一定的时间，例如3个月，才能产生信任，促成交易。尤其是很多新店，需要通过良好的店铺形象及优质服务慢慢地培养顾客的信任度。

次数型顾客：这些顾客往往需要接触一定的次数，例如3次，才会发生购买行为。

我们来看看"次数型"的顾客是如何成交的。以下是福建顺昌某女装店鲁美琴的分享：

9月份的一天，我们店铺来了一位大姐。她是想买连衣裙，后来我和同事杨敏就给她推荐了几款比较适合她的款式，她试完之后也挺满意的，就是没成交，她说不急着买。

在这之后她又来我们店好几次，每次来我们都十分热情地服务她，就是没成交。

后来我想到了她一定是观察我们店铺有没有做活动。过了一个星期，我们店铺开始做换季活动，买二送一。有一天，这位大姐刚好路过我们店铺，我就赶紧跑出去，叫住这位大姐，告诉她是我们店铺做活动第一个通知到的顾客，她很开心。

第二天晚上，大姐就来买了三条裙子。

下面某鞋店导购宋锋分享的这个案例，顾客第三次才埋单。

今天白班都是0销售，到了晚班才开了4单，其中一单是特价199元的鞋子，是一家三口（爸爸、妈妈、小男孩）来买的！

男的穿个拖鞋，找最小码的。小朋友一进厅就看见桌子上有橙汁（店里有免费橙汁），说要喝，我还没过去，他自己就拿起杯子倒上了，接着我倒了两杯给爸爸、妈妈。

爸爸只试穿了右脚的鞋，站起来，来回走了几步，感觉还挺满意，于是征求妈妈的意见。

妈妈说："随便，喜欢就买。"

爸爸又说："要不再逛逛，才来第一家。"

我还没插上什么话，他们就走出店了，我只好说："没合适的再回来。"

他们第二次回来的时候，我在接待其他顾客。

女的对我说："你把刚才那双的另一只鞋找出来穿一下。"

我找到鞋子拿出来，那女的说："这鞋不好，做工太粗糙了！找个新的。"

我说："这款鞋子因为很畅销，现在断码，就一双39码了，所以老板才特价！"

他们就是纠结鞋头上胶抹得不均匀，容易开胶，本身鞋子面料是高弹布的，不是皮料的，黏性不是很好。我多次解释这鞋开不了胶，他们就是犹豫，男的说："拿着吧。"

当我开好单并把单递给他们去付款的时候，女的犹豫不定，最终还是没有接，她说："还想转转。"

两次都是犹豫不决，又走出店了。

这时小朋友说还想喝橙汁，大人不好意思地说："不喝了。"

我说："没事的！"

他们端着橙汁又走了。

这单说实话我没怎么着急，因为第一次他们走出店后，我检查了鞋子，确实鞋头有点胶抹得不均匀，但是款式、舒适度、尺码以及价格都没毛病。

当我去洗手间回来的时候，那一家三口就坐在我们店里，隔壁店的大姐说："你刚走他们就回来了！"

女的说："我老公就看中那款了，拿着吧！还有就是冲着你给孩子的几杯橙汁，就算以后开胶花点钱修也值！"

听她这么一说我挺不好意思的，我说："我们的鞋子你就放心大胆地穿，如果真的开胶了你拿来我自费给你修，不会让你失望的！"

就这样，第三次他们埋单了。

试想，如果没有橙汁和轻松的购物氛围，甚至当顾客"吹毛求疵"时，宋锋表现出不耐烦，或者暗自抵触，顾客还会回来第二次、第三次吗？

所以，只有优质服务，顾客回头购买的概率才会更大。

当然，在日常工作中，顾客一去不返的跑单情况还是很多的，但是跑单并不可怕，重要的是我们要不断总结、不断改善。

杭州，某鞋店，男顾客选包，开始看中了一个799元的，表示要了，店员让他再看看鞋子，结果老婆站出来了，这个嫌贵，那个嫌丑，搞得男人很烦躁，最后包没有买，只买了一双298元的打折鞋子。

总结：开始 799 元的包应该快速埋单，之后再推鞋子；在她老婆介入时，应及时端茶倒水、帮她护理鞋子，把她支开、服务好。

"跟进本"的运用

店铺可以准备一个本子，记录没有成交的顾客，目的：

（1）培养导购善于观察、思考、总结、改善的能力。这次没成交，但是要知道问题出在哪里，下次遇到同样的情况力争成交。

（2）保留所有意向顾客资料（包括微信、手机号码、试穿的款式价格尺码等），后期一有促销活动、新款到店等合适机会，立即跟进顾客来店选购。

（3）有的按照个人业绩提成的店铺，可以作为业绩分配的参考。例如，早上 A 员工接待，试穿一件毛衣，一条裤子，但是未埋单，员工登记在跟进本上；下午若顾客回流，B 员工接待，买的是登记在跟进本上的商品，则由 A、B 两位员工平均共享业绩，若买的非登记的货品，则业绩属于 B 员工。

8. 收银服务

收银服务的基本要求是快捷、有礼。收银时，需要礼貌招呼客人，有眼神接触，笑容亲切。

收银的基本操作流程如下：

第一步，确认货品数量、尺寸。很多时候，顾客要求在仓库拿件没有拆开过的新商品，有时候现场很忙，容易出错，所以，收银的同事有必要养成良好的习惯，每次均跟顾客确认数量、尺寸，以免有误。

有些店铺发行了 VIP 卡，那么，收银时需要询问顾客有无 VIP 卡，如有，则帮助顾客积分和或享受相应优惠；如无，则可以借机向顾客推广 VIP 卡。

第二步，收银时可以进行相关活动再介绍、二次推销。二次推销可以以低价品、关联品为主。

第三步，收银时请唱票和双手递接物品。所谓唱票，就是把顾客所购商品的应付款金额、顾客实际支付的金额以及找回顾客的金额等说给顾客听，以确认无误。当然，现在越来越多的消费者使用手机微信或支付宝付款，并不用找赎零钱给顾客。

第四步，告诉顾客洗涤、保养货品的正确方法。这里需要注意的是，除非顾客详细咨询，否则只需告诉顾客关键的洗涤及保养方法，例如，"皮衣注意不能熨烫，详情可参阅吊牌上的洗涤说明。"因为，有时候导购出于好心说了很多洗涤及保养的注意事项，有的顾客觉得麻烦，干脆不买了。

第五步，简明扼要地告诉顾客售后服务相关条款，例如，"在3个月内若有质量问题可以凭小票来进行售后处理。"

做生意就是做人

收银时，有时候顾客可能钱不够，我们可以把不够钱的衣服留在店里，也可以收取顾客的定金。但是顾客可能因为短期内没有时间再次过来，从而导致该衣服不要了。

在顾客钱不够的情况下，很多会做生意的店老板是怎么做的呢？

我们先来看看浙江慈溪的费老板的做法。

有一次，一中年妇女来买了好几件衣服，可是埋单时发现少了1件的钱，她不好意思地说："要不，这件就先放在这里，明天再来拿吧。"

费老板说："不要紧的，你先穿回去，什么时候方便再过来付款。"

结果，第二天一大早，该顾客就过来送钱了。

其实，这些顾客欠你钱，晚上都睡不着觉。

但是，如果是浑身刺青的社会小青年，那就不敢随便让他们欠钱了。

再来看看河南驻马店的服装店老板陈晨的做法。

上午，一大姐来买衣服，看中了2套，却只有1套的钱。大姐表示先买1套，回头再来。

陈晨让大姐把衣服先拿回去，大姐很感动。

晚上大姐和老公一起过来还钱，又给老公买了1套，一共买了7件。

顾客来到店铺是买衣服的，不是为了骗你一件衣服。我们信任顾客，在顾客钱不够的情况下，可以陪同顾客上门取钱，也可以让顾客把衣服先拿走，如此一来，顾客往往会被我们的真诚与信任所感动，变成我们的回头客，还会帮我们免费宣传。当然，较为贵重的商品还是需要谨慎，防范风险。

下面是福建安溪欧恰恰童装店老板张金海的生意经：

建议大家在自己门店周边的店去购买。

我就经常去闲逛我店隔壁的男装女装店，一件两件地买，我店里若有客户问我衣服是从哪里买的，我就把客户引过去。前天一家女装店带着她的客户来我这儿挑衣服，整了个8连单。

做生意就是做人，张老板经常捧别人的场，别人有机会时也会捧他的场。

韩店长的业绩一直很好，这跟她会做人有关，第一次韩店长为顾客垫了钱157元。下面是韩店长的分享：

今天有个顾客在我们家买鞋子，大家知道他带了多少钱吗？没带钱！支付宝只有80块钱！鞋子打完折237元。我让他把鞋子拿走了。我说："加你个微信，我先帮你垫上！你回头转给我！"

还好，他很快就转给我了！

其实我也没有多少底气！不过，我就是相信，真诚的人还是多！

其实，一般的顾客都能还，这是一笔良心账。

垫钱不是讨价还价

我们先来看李老板的烦恼：

我们这个店（乡镇店），一直是原价销售所有货品，顾客基本上都知道不打折。

店里每月销售第一名的导购有 200 元的奖励。

有位员工，她为了挣这 200 元，只要她接待的顾客跟她讨价还价，说要把零头抹去，不抹就不要了，她就会拿出手机算一下这一单的收益，然后直接跟顾客说给垫上多少钱，别的服务、话术一概不用，非常利索。

面对大部分跟她讨价还价的顾客，她都用这种办法，她说：替顾客垫钱，她感动等等。

我说，这种做法是有立竿见影的效果，但你也不能垫钱垫得这么容易吧，垫得顾客都不领你情（事实是找她的回头客并不多，但可以还价的负面影响却传开了）。你垫了钱，店里人知道，但顾客不知道你到底垫了没有，顾客可能以为商家是左口袋的钱放在右口袋，并没有真的垫钱，她们会以为可以讲价，时间长了，传开了影响肯定会不好，货品会更难卖。

这名员工想不到这么多，我行我素。但事实上就算如此，她照样卖不过其他员工。

果不其然，一段时间下来，有不少老顾客认为店里能抹零头了。

虽然这位员工也确实把钱给垫上了，但很多顾客不知道详情，就说可以讲价，非得让抹掉零头，说谁谁谁在这儿买的，哪个员工把零头给抹去了。顾客多的时候，直接影响了所有在店内的其他顾客。

顾客希望我们抹去一点零头，即使导购有这个权限，也不能简单地答应。我们可以为顾客提供热情周到的服务，例如给顾客擦擦鞋子，这样很多顾客就不好意思再要求抹去一点零头了。实在不行，可以考虑送赠品。送赠品还不行，导购可以跟老板请示，经同意后方可抹去零头或者给予顾客相关优惠。

超出顾客期望值

超出顾客期望值，能够提升顾客的满意度，从而增加回头客。

例如，埋单后，我们可以送矿泉水、鞋垫、袜子、手工肥皂甚至现金红包给顾客。当然，如果时间允许，也可以在埋单后，为顾客提供鞋子护理等免费服务。

下面是浙江萧山步森男装店瞿老板的分享，他在顾客埋单后，还送 4 双袜子给顾客，令顾客倍感意外和惊喜，心情倍儿爽，后面又买走了一件 1999 元的单西服。

心情好了，气氛也好了。

刚刚这位顾客成功充值 10000 元，最后顾客要走了，我把他叫住了，说："丁老板，您等等，拿几双袜子给您穿，最近下雨可以换着穿！"

就在我拿袜子的空当，他又试穿了一款 1999 元的全羊毛单西服，然后说："这件也拿上吧！"

送给他 4 双袜子太值了！

正念利他，也许某些时候不一定马上就有回报，但久了一定是有效果的。你是为客人好，还是只想骗他口袋里的钱，人家是能感觉到的，反馈给你的效果也不一样。你一直说货好，他就和你谈价格。你把他当朋友，他就不好意思和你纠结一点小东西了。最重要的是他体验好了，下次还来，而且更信任你。

9. 店前销售技巧

在销售中的第一点：相信相信的力量

我们的内心和态度，顾客是能感觉得到的。如果我们不自信，那么就会降低顾客的信任度，让顾客变得更加犹豫，从而降低成交率。

相信自己，相信顾客，相信产品，相信团队，相信公司

首先要相信自己，相信自己比绝大多数顾客专业，相信自己日积月累的搭配能力，相信自己能给顾客带来价值。不是因为有些事情难以做到，我们就失去自信，而是因为我们失去了自信，有些事情才难以做到。如果你不太相信自己，那么就得努力学习货品知识、搭配技巧和提升为人处世的格局。作为一名职业导购尤其是女装导购，要有精致的妆容与打扮，空场没人的时候需要反复练习搭配，只有你的搭配够好，才能够打动顾客，否则很多语言与努力都是白费。

下面是韩店长的心得：

从做服装的第一天开始，我就感受到了"相信"两个字到底起了多大的作用！

首先要相信自己，对自己有信心。

我的第一份销售工作是卖床上用品的，也就是家纺店。店里每天就我和老板两个人，老板娘年龄大，我比较小，她每天就和我说"把卫生做好"，其他也没教会我什么。那时每个月拿着1000块钱的工资，也挺开心的。因为

那时才 22 岁，没压力，只需管自己就好了！就这样傻傻地做了两年。

后面因为怀孕生孩子，就没做了。把孩子带到 9 个月大时，我跟婆婆说："我要去上班。"婆婆也很支持我。

当时正好有一个闺密在一家女装店上班，她们店里在招人，她说："你想来就来吧！"工资是底薪加提成的，我赶紧问："底薪多少？"她说"1500。"我说："那可以，我来试试吧。"

就这样，我正式到女装店上班。

第一天上班，在货品等很多东西都不懂的情况下就销售了！

可能是初生牛犊不怕虎吧，越是在你一无所知的情况下你越积极，而有了一点成绩后就会很自信。反而在半知半懂的情况下，销售状态下滑，不够自信。

第一天个人业绩 700 多，这给我带来了很大的自信。

第二天正好是母亲节，当天我们店铺业绩是公司所有店铺中的第一名，而我由于第一天带来的自信和良好状态，越战越勇，个人业绩竟然是第一！

不得不说，为了把业绩做好，当时的韩店长作为一个新员工，在货品不熟悉和销售技巧也不懂的情况下，相信勤能补拙，脚底下接顾客的速度更快，哪怕被顾客拒绝了，还能厚着脸皮多拿几件给顾客试。因为韩店长良好的状态，在无形中感染了很多顾客，促成了较高的成交率。

空场销售演练

春天应该去平整土地，而非焦虑收成。你三月做过的事，在八九月自有答案。平时空场的时候，我们需要积极进行销售演练，互相扮演顾客、店员，模拟真实的销售情景。演练结束后，需要讨论、改进。销售演练不应该只是偶尔进行一次，而应该是一种常态，每天都可以进行。

经过反复的销售演练后，导购在接待顾客的过程中会增加自信，销售技巧也会进步比较快。

每天尽量做到单单总结，单单提炼，以便日后改善。跑单不可怕，可怕的是不知道为什么跑单，下次还会在同一个地方摔跟头。

相信顾客

相信顾客走进店铺就是有需求的，相信顾客的品位，相信顾客不是傻子，相信顾客的购买力，千万不要用自己的腰包衡量顾客的腰包，以貌取人，觉得有的顾客买不起。

以下是韩店长的亲身经历：

去年冬天，一大清早进来两个阿姨，手里拎着菜。

凭着自己所谓的销售经验，我又开始给顾客下定义，心里想这两个人不会买的，她们手里拎着菜，肯定是买完菜，瞎逛的。

但是店里当时也没有其他顾客，就走了过去，先和她们简单地打了招呼："阿姨，你们出来挺早的。"

她们两个很热情地回应说："是的。"

我说："外面冷，在我们店里面暖和暖和吧。"

她们两个说："没事，你忙你的，不用管我们。"

我知道她们在拒绝我，但是没有离开，并开始观察她们。

两个阿姨，我猜60多岁，店里适合她们的也不多。

我拿了一件半中长的大衣，给那位稍胖一点的阿姨穿，阿姨没有拒绝。

她试了以后，挺满意的，但是觉得有点小。

我说："没关系，我可以帮您订个大码的。"

她说："那不好的，还要订，多麻烦，万一大小不合适呢？不订不订！如果你们来货了就通知我，我来试，合适了我就买一件。"

这时候我已经觉得没戏了，但是我看到另一位阿姨也在看衣服，其中有件粉色的大衣看了两次，就说："我拿给你试试。"

因为她给我的感觉也60多岁了，所以可能觉得有些不好意思，她说了句："这么粉的，我穿可以吗？"

我说："可以的。"

然后赶快拿给她，让她试。

她穿上身以后，挺满意的，在镜子那里前前后后地照，刚才胖阿姨也说好看。

这时候她才问了我价格，我说998元。

她问："打完折多少钱？"

我说："没有折扣。"

她也没有说什么。

忽然她又对我说："你赶紧帮我这个姐妹找一件衣服，我跟你说呀，她很有钱的，百万富翁。"

刚才那位胖阿姨淡定地来一句，而且声音小小的："那一百万不止的。"

这时候，我的另外一个同事可能听到我跟她们的对话，走过来，笑嘻嘻地说："阿姨，她说你百万富翁，也没有说你就只有一百万呀，也可以是几百万，也可以是九百万啊！"

这时候试粉色衣服的阿姨说："对呀，我又没有说你只有一百万嘛。"

然后，大家都笑了。瞬间，我觉得气氛轻松很多。

这时，百万富翁阿姨说："你们再帮我挑一件呗。"

于是，同事拿了另外一个款给阿姨，因为阿姨有点胖，所以尽管是大码也不合适，而且她可能心里还是喜欢第一次试的那件。

我说："那您把刚才这件再试一下，我帮你看看小多少。"

然后她又穿上身，看了看，说："好像就小了一个号。"

我们三个人都和她说："那就给你订一件嘛。"

就连她的姐妹也帮我们说话了。

她说："那好的，如果不行，我不要的。"

我说："好的，阿姨，如果不行，我把钱退给您。"

她说："那你要给我一个收据。"

我说："没问题。"

就这样，两件大衣搞定了。

那个买粉色大衣的阿姨又在店里转了一圈，说："这边还有好多衣服嘛。"然后又看上了一条很仙的纱纱裙，问我："这个我能不能穿？"

我说："你去试试呗。"

然后她拎着裙子高兴地说："那我去试试。"

穿出来以后还挺好看的，明显年轻许多，那个百万富翁阿姨投来了美慕的目光，她可能心里在想："她的身材保持得真好，这样的裙子还能穿。"百万富翁阿姨说："好看，真的好看。"

那个阿姨问："多少钱？"

我说："只要229块。"

她说："好的，好的，买。"

因为这是早上的第一单，我想着让她们赶紧埋单，可她们还在那里慢慢挑，到后面又挑了两件毛衣，每人各一件。最后两个人一起消费了2700多元。

送顾客的时候，我帮两位阿姨拎着袋子，推开门以后，才把袋子交到她俩手上，然后对她俩说："阿姨，我叫姣姣，以后过来的话可以找我。"

作为一名优秀导购，一定要学会推销自己，让顾客记住自己。

我从来没有觉得自己的销售水平是最棒的，但是我的回头客，却是我做销售这几年来，无论到任何一个店铺都是最多的，因为自信，因为勇于推销自己，因为喜欢让顾客记住我。

介绍自己的时候，我把手放在阿姨的肩膀上。肢体的接触让阿姨觉得亲切。当然，肢体的接触并不适合所有的顾客，因为有些顾客不喜欢，有的顾客性子冷，不喜欢太亲近，防范心比较重，所以因人而异。

到后面，那两个阿姨隔三岔五地过来。前几天又来了，还充了值，当时刚好下雨，我还借了伞给她们。

以上这单做得好的地方：

第一，一开始虽然觉得她们不会买，但是开场白的非销话题并不会让人让人感觉那么冷冰冰。

第二，同事说话的声音甜甜的，立马拉近了跟顾客的感情，让顾客减少了距离感。

第三，顾客喜欢的，虽然自己觉得并不是太合适（例如，粉色显得太年轻），但是尊重顾客的选择，顾客喜欢最重要。

第四，学会推销自己，与顾客保持情感联结，为顾客提供增值服务（例如，借伞），增加顾客的回头购买率。

做得不好的地方：

第一，顾客一进店就对顾客做了判断，不相信顾客，觉得人家不会买，这一点其实真的不好。因为我们的态度顾客能感觉得到。你用了什么样的心态对待顾客，顾客就以什么样的结果对待你。

第二，大家可能感觉得到，一开始一直是我一个人在那里单枪匹马地服务顾客，到后面同事才过来帮忙。因为在很多人心里认为，顾客一大清早来，多半是不买的，所以那个同事当时在化妆，一直都没有过来。从这点来讲，店铺要给员工定规矩，作为店长更应该以身作则。无规矩不成方圆。从那天以后，我就对自己和员工有一个要求，早上在家里把妆化好再来上班。

相信产品

相信我们的产品物有所值，相信我们的衣服能够放大顾客的优点，避免或弱化顾客的缺点。要相信产品，就得熟悉产品，就得吃透产品的卖点。

相信团队

人在一起不叫团队，心在一起才叫团队，请相信你的伙伴、你的同事，相信大家各有所长，优势能互补。刚开始团队协作有一个磨合期，过了磨合期，大家就会变得很默契，最大限度地提升成交率。

相信公司

要相信公司和老板的实力，相信你自己所在的店铺，相信了，业绩肯定常青，不要总想着没生意会倒闭，千万不能自我否定。否定了你的老板，你就否定了所有，于是就会导致恶性循环。

下面是某女装店店长的分享：

我现在的店铺刚刚开了一年，时间不长，但是这个街面上很多店铺都在转让。

我们店的业绩还算行吧，不过毕竟时间不长，店里的员工呢，有几天生意不好的时候就会说："谁知道我们这个店还会开多久呢？"

真的，每次听到这样的话，我就特别来气。我说："好了，放心吧，我们这几天生意不好，不代表一直这样，别想那么多了。老板开了上下五层的工厂在那里，就算老板撑也会撑下去的。"

还有就是，现在很多店都在做充值，一旦顾客怀疑你们店坚持不了多久，那么你的充值是一定做不起来的。现在很多理发店搞充值，干一段时间就干不下去了，跑路了。所以，顾客本身提防心就很重，你对自己的店铺不相信，那么我敢保证，你的充值做不起来。所以，要相信自己的公司、老板、店铺，真的，相信的力量很重要。

状态就是业绩

如果员工的状态好，那么就会把这份快乐与激情传递给顾客，并感染顾客。顾客心情受到了正面感染，那么穿什么都好看，即使不那么好看，顾客也不会过于纠结，也会善意地试穿其他衣服。这样，试穿率、成交率都会提升。

我们来看看山东临沭朱店长的分享：

公司有一个开在团林镇上的女装店搞活动，安排鞋店的孙慧慧去帮忙。

活动的前一天，朱店长跟慧慧讲："你是我们家的销售冠军，到了团林店你要加油！相信你可以的！"

活动第一天，10个小伙伴，她拿了第一，额外奖励了100元！卖鞋子的去卖衣服能拿第一名，靠的就是状态！

8月22号，公司又安排她去莒南女装店帮忙，她本来不想去，但是命令在那儿，不去没办法。一整天都不在状态，耷拉着脸，一直在说不卖货，想回去。加上身体不舒服，就更不用说了，而且还影响了其他同事。

当你的状态好的时候，你的销售会越来越好；当你的状态差的时候，你的销售会越来越差。

换人

有时候同事本身的状态不好，有时候状态一般但仍然没有成交，没有成交的话压力可能比较大，这些情况都容易把负能量传递给顾客，导致跑单，所以需要及时换人，换状态好的同事。

大家可能发现了一个常见的现象，有时候你怎么推荐衣服，顾客都会对你摇摇头摆摆手，你再推，他（她）也不喜欢。

其实他（她）不是不喜欢这些衣服，而是对你没感觉，你不是他（她）喜欢的类型，这时候就需要换人，换一个同事。如果是男顾客，在条件许可的情况下，可以换一个漂亮的同事，也许效果会更好。

胆大心细脸皮厚

做销售要胆子大，大胆推款；有做充值活动的，要大胆推充值。

顾客拒绝了你，你可以尝试多推几次。但是千万记得每次销售的方式不要干巴巴，不要太生硬，该直接的时候直接，该迂回的时候迂回。

不要跟顾客争吵

作为一名职业导购，需要充分地理解、尊重顾客，遇到顾客还价等情况时，如果内心抵触，跟顾客对立，甚至争吵起来，跑单的概率是很大的。

下面是某女装店店长的分享：

有一个姐姐头两天买了一件毛衣，结果开线了，拿过来换。

当时店里有点忙，我就和她说："姐，你稍微等一下，我很快给你处理。"

到后面稍微空闲一点，我就赶快帮她处理，等我把毛衣打开一看，发现脱线了，很大一个口子。

我当时的想法就是，肯定不可能一开始我们卖给她的时候就这样吧！

于是，我说："应该不可能一开始我们卖给你的时候就这样吧！"

她说："真的，我没动过。"

我又说："这么大一个口子，不可能一开始就看不到呀。"

这时候，她似乎也看出来我不相信她，然后有点生气地说："你的意思是我撒谎？"

她的语气不好，我的语气也很不好，现场火药味很重。

店里的同事芳芳赶紧帮我圆场，说："姐，她是北方人，天生说话声音大，不是说和你吵架哦。"

然后，我又把自己的火压回去，跟她说："姐，不好意思，我给你道歉，是我语气不好。"

这个姐姐也没有不依不饶，说："没事。"

但是我却觉得挺尴尬的（她和我吵的这个时间段，一直在店里试衣服）。

其实，我们导购说话的语气很重要，千万不要和顾客去吵。因为顾客永远是对的，如果你觉得他（她）是错的，那么请回到第一条。

调整心态后，又开始给她拿衣服。

她倒觉得没什么，跟我说："美女，你来帮我看看，我穿哪件好看？"

其实她也很温柔啦，当然，我的语气也变得很好了，于是真诚地给她一些搭配的建议。

顺便插一句，女孩子做销售这个行业时，首先要注意自己的穿着打扮，要洋气、时尚、有品味，妆容要精致，这会在销售时给自己加分很多。因为你的时尚搭配，顾客更愿意相信你的眼光，她会觉得你的建议很好。

后面我又给她拿了一件皮毛一体的衣服让她试了一下，她有一些喜欢，但是价格是有点高的，1580元。

她也没说什么，然后又把自己刚才试的那件打底衣穿了一次，并让我帮她参谋。

我想，她心里此时已经有谱了，只是想让我更加肯定她。

那天试穿了很久，加起来有一个多小时吧，最后买了2700多块钱的衣服。

她走了以后，我深刻地反省了自己，觉得自己犯了一个导购最低级的错误：跟顾客去争吵！

有一句话不是说得好嘛：地低为海，人低为王！摆出那副盛气凌人的样子干吗呢？干吗要去跟顾客争呢？其实女人真的要温柔一点，语气好一点，这不单单是我们做销售时要这个样子，包括和老公、同事相处时也要这个样子。你的刺少一点，你身边的人也会舒服一点。

把顾客当成朋友，可以购买顾客的产品

山东临沂某销售冠军朱店长得知顾客是卖海鲜的，于是加了顾客的微信，买了顾客的鱿鱼丝。

河北唐山某个体尹老板有次在处理顾客投诉后，得知该顾客是卖糖炒板栗的，于是她买了2箱送人，之后，这个顾客几年内带朋友来买了几万块钱的衣服。

河南信阳某零售冠军王老板有一次找一名十多年的老顾客要了2箱酸奶（顾客的嫂子在经营酸奶），结果顾客送酸奶时买了1000多元的衣服。

浙江杭州某销售尖刀韩店长也是经常捧顾客的场，有个顾客是做日用品环保超市的，韩店长就和店员一起买顾客家的日用品。

福建福州某女装华老板虽然不用微商面膜，但是依然会捧顾客的场，买了送人。这家店开在工业园的厂房内，没有自然客流，但是一年销售200多万元，纯赚100余万元。

河北邯郸中心医院某护士是做魔力净微商的，我们买了几十块钱的魔力

净，她充值了 1500 元。后面我还帮她在会员群里做宣传，她可开心了，经常光顾我们这家店铺。(作者注：当时本人在邯郸某品牌驻店)

善于寻找共同点——套近乎

为了取得顾客足够的好感和信任，我们需要在最短的时间内寻找与顾客之间的共同点，多认同顾客，多和顾客套近乎，拉近与顾客之间的距离。

下面是某店长的心得：

最近春款上了，那天，店里来了一个美女，身材瘦瘦、小小的。她是一个蛮活泼的女孩子，我们跟她聊，她也愿意和我们聊。

同事芳姐给她试了一件外套，她把外套穿上以后，自己在那里说："这件外套还挺好看的。"

我说："嗯，是的，这件外套比较有设计感，就适合瘦瘦小小的人穿。"

她说："嗯，是的，这件衣服如果让高个子穿的话就不好看了。"

我赶紧附和着说："是的。"

我又接着说："这件衣服是休闲的，也不适合太有女人味的人穿，就适合你这种休闲风格的穿。"

"是的。"她点了点头，说，"好的，那就这件吧。"

芳姐拿着衣服去开单了，但是我看她没有急着走到收银台埋单的意思，心里就在想："她会不会还想看其他的？"于是我说："美女，我觉得我家还有几件衣服很适合你，要不你再去逛逛看？"

她说："你们好热情啊！"

我赶紧说："你可别被我们的热情吓到了。"

她说："那不会的。"

我说："买不买也没关系，不好看就不买，反正这会儿店里也没人，正好你就当给我们试试版。"

她说："好的。"然后就拿了几款衣服进了试衣间。

这时店里响起来一首民谣歌曲，一首比较安静的歌。

从试衣间出来后，她跟着哼了起来。

我说："美女，这首歌你会唱啊？"

她说："是的。"

我说："我特别喜欢这种民谣类歌曲，比较舒缓，我们可以慢慢地去感受这种淡淡的感觉。"

她说："是的，我也特别喜欢，就喜欢那种淡淡的味道。"

我说："嗯，是的。"

后面她说还喜欢赵雷唱的《成都》，也喜欢《南山南》。

我说："嗯，是的，我也喜欢听，特别是《成都》。"

就这样，一边聊着歌曲，一边给她试衣服。后面她又买了一条裤子，还有一条裙子，一共买了3件。

做销售，是有一点套路的，但也是即性演绎的，每一次销售就像是给你一个舞台，这台戏能否唱好，就看你当下的状态能否配合顾客演绎好。多认同顾客，多发现顾客的亮点与魅力，多赞美顾客，这样顾客会有一个愉悦的购物体验。我们不管转了怎样的弯子，都要懂得，目的是为成交做铺垫。

街拍

街拍既适合女装，也适合男装、童装等。如果是女装，那么店员就可以当模特。如果是男装、童装，可能需要请人当模特。

店铺特别空闲的时候，不应该扎堆聊天，而要找点事情做。可以在店里试板，可以搭配演练，可以穿一套美美的衣服在店内拍照，也可以到店外去街拍。路人如果觉得你穿得好看，首先会投来羡慕的目光，极大满足了店员的虚荣心，还有可能吸引顾客进店。当然，我们也可以把各种搭配照片发到朋友圈。

接下来我们来看某女装店店长的街拍心得：

前几天穿了一套很仙的裙子，在店里让同事帮忙拍。这时，有两位姐姐可能觉得挺好看的，就跟着进来了。两个人其实就是闲逛的，所以一进来就自顾自地在那里聊天。

我跟她说了句："姐姐，你们先看一下，看中了我帮你找合适的号码。"

后场有一套衣服，她自己可能有点喜欢，然后就盯着看。

同事小云说："来，姐，那你试一下。"

她也没拒绝，就跟着去试了。穿出来后，她和同伴都挺满意的。

这时，她的同伴也站了起来，走到后场，可能也想挑一件自己喜欢的，结果看中了一条牛仔裤，就让我拿下来给她试。

我说："好的。"

正准备拿的时候，她又说："等一下，先别拿。"

这时，刚刚试衣服的姐问："我身上这件衣服多少钱，有没有折扣？"

其实两件也不贵，一共 436 元。我说："我们家的衣服定的是实价，没有折扣，两件 436 元。"

她说："这么贵？还没有折扣。便宜点嘛。"

小云说："姐，我们家是工厂店，没有折扣的，你看我们家的价格定得也不高，是吧？"

后面她还是说高了，就走了，走到门口还问："可以便宜点吗？"

我说："姐，你看我们开这么大一个店，谁还会放着生意不做啊，对不对？其实也不贵啦，你就带去吧。"

但她还是说："算了，待会儿看不到更合适的再回来买。"

我说："那好的。"

一个多小时以后，她们两个回来了，小云笑意盈盈地迎上去。

她一进门还是说："能便宜点吗？好歹给个折扣嘛。"

我们两个还是一直笑着说："姐，你说如果能给你折扣，刚刚就给你了，对不对啊。"

她说："那行，我再试一下。"后面她又试了一下，可能就是嫌贵，然后开始挑衣服的毛病。

看她在那里挑毛病，我就赶紧倒了两杯茶，递给她和同伴。她没有再说什么，后面把衣服换下来，放在了沙发上。小云又给她添了点水。

我给她的同伴拿了一件比较有设计感的衣服，因为她同伴的个子挺高的，还有点瘦，感觉她应该穿休闲的好看。她刚才在我家想试的那条牛仔裤，我也一并拿给她了。试穿出来后，我给她拿了店里的一双小白鞋搭配。

她穿起来挺好看的，她的朋友也说："好看，洋气多了，看起来特别有味道。"

后面又给她试了几条裤子，她还是觉得第一条牛仔裤好看。后面两个人衣服总算看好了，但还是讲价。

小云的性格是那种不急不躁的，她细声细语地跟她们讲，后面终于埋了单。

遇到这样犹豫不决的顾客，我们不能太着急，要慢慢跟她说，不能让她觉得你很急切，想把钱从她的口袋里掏出来。

言归正传，我们再聊回来，一定是有了进店率，才会有接下来这些成交的故事。

耐心、坚持！

上面的案例既说明了街拍带来的进店率和成交率，也说明了接待顾客时需要耐心和坚持。

关于这点，韩店长深有感触：

那是一个夏天的晚上，店里有点忙，我和芳芳手里都接了顾客。因为那天来的顾客比较多，所以每个人手里都有两三个顾客在试衣服，但是，她们试衣服一个比一个慢。这个旺场的快单根本快不了。

芳芳还和我悄悄地讲："姣姣，你看看，今天接的这些顾客都是戴眼镜的，一个比一个难弄。"

我笑了。

不过还好，我们觉得那几个人虽然有点慢，但都买了。我们一个接一个地把顾客送出去了。

小云的那个顾客还没有搞定，特别难弄，试了很多，出来抱了一堆衣服，最后说了一句："你先放放吧，我再去转转。"

我想，小云心里肯定有些不开心，但她还是说："那好的，姐，如果你看不到合适的，再回来，我们九点下班，我等你哈。"

她说："好的。"就这样走了。

我们在收银台讨论，小云无奈地说："哎，今天晚上你俩一人成了好几单，我一单都没有搞定。"

我安慰她："没事的，那个顾客兴许一会儿就回来了。"

刚才这位顾客看上的那套衣服，小云直接放在收银台里。

果不其然，快到下班的时候她又回来了，她说："我还要再试一次。"

磨人吧！

小云又去服务她，这回试穿出来后，她也没说什么。

她的同伴说："好了，就这套了嘛，再说了，你那么瘦也不好买衣服的。"

她说："那好。"

后面，她的同伴也试了一件衣服，并买了一件特价 150 块钱的。

就这样，小云第一次把这样一个特别难搞的顾客给搞定了，为我们后面的销售奠定了基础。之后，这两位顾客每次来，一挑就是一堆，一个月的时间，两个人加起来已经买十几件了。

这一单享分享几点心得：

第一，小云的耐心特别好，一直拿衣服给顾客试，即使心里不开心，但什么也没说，也没有表露出来。

第二，顾客第一次没买，也坚持把顾客送到店门口。

第三，南北方的人有差异，南方人希望你对她温柔点，很享受被当作上帝的感觉，有时候不能太逼单，只需向顾客表达完自己想讲的，不能对顾客太强势，她们听到心里就行。

第四，能成为一个优秀的导购，相信你的头脑是很聪明、灵活的，但是在一个满街都是聪明人的时代，稀缺的恰恰不是聪明，而是一心一意，孤注一掷，一条心，一根筋，努力去做好一件事，坚持，坚持，再坚持！

假设成交法

假设顾客已经买了，这样的话，导购的语言和动作都会不一样。

例如，本来是顾客埋单以后才改裤长，但是导购可以运用假设成交法，当顾客还在犹豫的时候，帮顾客量裤长，跟顾客说："您好，裤长改成102厘米可以吗？"然后叫同事开单："小芳，帮这位大哥开个单。"在这种情况下，很多顾客会半推半就，埋单。

当然，需要注意的是，当顾客的购买欲望很强烈时，运用假设成交法的效果才会比较好。如果顾客没什么购买的欲望，假设成交法自然也就起不了作用。

选择成交法

让顾客二选一，这样成交的概率会增加很多。

例如，问顾客：

"您是要一双袜子还是两双袜子？"

"您是要这件白色的，还是这件蓝色的？"

"您是要这双系鞋带的，还是这双不系鞋带的？"

"您是要大号的，还是中号的？"

运用选择成交法，需要在推荐商品以及顾客试穿环节，尽量两件两件地推荐。

比较成交法

很多顾客看中了某件商品，但是却没有急于埋单，其中一个原因就是，顾客想到其他店看看，有没有性价比更高的商品。例如，顾客看中了一双鞋，他（她）可能还想去其他店看看，有没有类似的鞋，但是价格更加优惠。所以，导购需要尽量让顾客在店内完成"一揽子"比较，做出购买决策。

俗话说，不怕不识货，只怕货比货。运用比较成交法，确实能够大大地提升成交率。

例如，顾客嫌双面呢贵了，可以拿件单面呢给他（她）作比较；顾客觉得某件衣服太时尚了，那么，可以拿件更加前卫的衣服给他（她）比较一下；顾客觉得某个尺码穿在身上有点大，那么可以拿件小一号的商品给他（她）比较一下。

哥伦布式成交法

哥伦布式成交法，是指发现顾客没有或者较少尝试过的穿衣风格，也就是挖掘顾客潜在的购买需求。例如，长期穿得比较休闲的女士，可以推荐比较有女人味的衣服；顾客长期穿系鞋带的鞋子，可以推荐没有鞋带的鞋子。

下面是某女装店店长的分享，有一位老顾客没有穿过衬衣，该店长成功地向她推荐了一件衬衣：

有一位老顾客，前几天，她又过来了。

因为杭州下了 40 多天的雨，所以春装的销售不好。

她进来后说了句："我昨天还从你家门口过了，但是我没有看到你，感觉没有熟人就没进来。"

我说："是，昨天我正好休息。"

然后开始闲聊，我问："你的头发重新做过了？"

她说："嗯，是的。"

我问："你过年有没有回老家？"

她说："回了。"

她也问了我一些过年的情况，两个人就这样寒暄了一会儿。

我说："姐，我们家上春款了，你要不要去试试？"

她说："太冷了，不去。"

我说："空调有打开的，还好的，暖和，好啦，你就去试试嘛，我感觉有几件衣服，你穿应该会好看，去试试呗，就算给我们当一下模特。"

同事小云也说："是的，姐姐，你穿衣服挺有女人味的，我们家这几个款的衬衫都挺好的，你来试试看。"

她听我俩都这样说，就说："那好吧，我去试试看。"

第一套穿出来就很好看，她自己也能看得出效果。但是她说了一句："我没有穿过衬衫，不知道合不合适？"

我说："姐，不管你穿没穿过，咱镜子在这里，你觉得好看就对了，女人呢，是要勇于尝试不同风格的。要不然，你也不缺衣服的，对不对呀。"

后面她又拿了几件去试，效果也不错，但是一直都下不了决心买。

我说："姐，你看，我没有你高，咱俩平时穿衣服风格也差不多。要不我也帮你试试，您如果觉得我都能穿得好看您就买，好不好？"

她说："好的。"

后来我就穿了春款的出来给她看。她一看，确实好看，但是又说："我没有你身材好。"

我说："姐，哪里呀，你比我高，身材比我还好，怎么会是我穿得更好看？"

做销售，我们要懂得自嘲，贬低自己，抬高别人。贬低自己，不代表没有尊严，但是别人比较有优越感。一切都是为了结果做铺垫。

最后，那个姐姐买了，那天还充了值。

我们在做销售的过程中，真的不要给顾客买不买设限，也不要给顾客的穿着风格设限，最重要的是不要给自己设限，因为我们总是用自己的认知和审美观来评估顾客，所以，要敢于推荐顾客没有尝试过但又适合的穿着风格。

关联成交法

关联成交法，一般是指向顾客推荐关联品。例如，顾客买鞋子，可以推荐相关联的袜子、鞋油及鞋刷等；顾客买毛衣，可以推荐毛衣链；顾客买外套，可以推荐围巾；顾客买西服，可以推荐领带。

以上是比较常见的成交法，当然，成交的方法很多且千变万化，大家可以在以后的工作中，不断探索各种成交的方法。

10. 充值技巧

充值已经成为服装店常用的营销手法之一。

对于广大的服装店导购而言，充值的第一步是"敢"。

下面是浙江织里某女装店导购文娟分享的关于"敢"的案例。

晚上来了两个女顾客，一进来我就感觉她们不像其他顾客一样，这两个美女没有目的性，也没有主见，不知道自己适合哪种款式。

她们一进来，不用我介绍，1号顾客就挑中了两件进试衣间去试穿。

在1号顾客试衣服的同时，她的闺密，2号顾客看到了拖鞋，产生了兴趣。

我在服务1号顾客的同时，文静姐帮我接待2号顾客。

最后1号顾客在2号顾客的认同下，同时也在我的赞美中，选择了一件蓝色秋款针织衫。

看得出她很喜欢，然后问了价格，觉得有点贵。

我告诉她加店铺微信可以打9折，于是她决定买了。

然后文静姐就给她介绍了"5倍充值送衣服"活动，即顾客看中了某件衣服，只要按照这件衣服零售价的 5 倍充值，那么这件衣服就送给顾客，而且所有充值的钱下次可以购买衣服。

在介绍的过程中，我看得出 1 号顾客很有兴致，也觉得充值活动很划算。

但是一开始她不打算充，她说没那么多钱，我告诉她可以用蚂蚁花呗（先花钱买东西，一个月还款一次）付款。

这期间，她朋友买了一双拖鞋，说有事，就先走了。

最后，1 号顾客在文静姐的充值活动介绍和我的配合下办了卡充了值，虽然中途她老公打了很多电话催她出去吃饭，但是她对充卡的心却没有因为这些电话而改变，看得出她觉得这个充值活动很划算。

做成这单没有靠任何特别的服务，就是对顾客的态度比较友善，比较有耐心。

今天，我也学会了很多。以前可能连给顾客介绍充值活动都不会去说，总觉得顾客不会充，要不就是介绍了充值，只要顾客说不充我就没有耐心去劝说，总觉得推充值很困难，于是就越来越不敢推了。

今天其实主要靠文静姐，如果没有她，这单可能也充不了值；同时，今天也让我深刻地知道了合作的重要性，没有文静姐的协助接待，2 号顾客可能不会买拖鞋，1 号顾客可能也只是买件衣服而不会充值。

文静姐今天也点出了我的很多缺点，比如对充值的业务不熟悉，懒得介绍，没有耐心，也没有信心，惧怕去说。

今天顾客充值后，我觉得其实也没有那么难，不用那么害怕，也给了自己很多信心，以后我会努力改变自己，对顾客多一点耐心，争取下次靠自己的努力完成充值！

除了"敢"，很多时候还得行深一步，感动顾客，顾客才会充值。

下面是某店导购分享的充值案例：

虽然金额并不高，但是这个推卡的过程也是比较难的。

夜晚的时候进来了一对夫妻，美女看了两件衣服，然后对比买了一件衣服。当时她说是我们家的老顾客，问我打不打折。

我说："美女，你既然是老顾客，可以充一张卡，这样的话，这件衣服可以免费送给你。"

她自己是比较想充张卡的，然后就叫老公，并跟她老公一直说充卡的好处。

可是她老公还是不愿意，让她走。

小梦就倒了两杯果汁给帅哥和美女喝，他也自然地喝了两口，然后我就跟她老公一直说充卡优惠，衣服可以免费送，但是他还是不同意，还有想走的意思。

我们也一直在努力，后面给他熨烫了一下衣服。

可能因为一句"你老婆真的很想充张卡，你就充一张吧！"，也或者是因为我们的服务，他最后还是充了。

虽然充的金额少，但是我和搭档小梦一直配合着，努力着，才有这样的结果，所以充卡一定要去说，这样的话，才有可能充到卡；其次的话，服务一定要到位，这样的话他们也会感觉到你的服务。

还有一个就是"二拍一"技巧。因为我和搭档小梦一直合作，一个说一个服务，让他们感受到了爱。还有，一定要自信！充卡，最主要的就是我们要再说一句，也许，我们少说了那么一句，就错过了一张卡。我们只要多说一句话，只要再说一句话，就可以充值成功，就可以成交。

很多店刚开业或刚开始推充值的时候，由于有多重优惠和激励，充值工作往往做得比较好。可是越到后面，尤其是日常销售工作中，充值越是做不起来，毕竟充值是有一定难度的，很多导购在店长不是很重视的情况下，就放弃了推广充值。

所以，推行充值策略的店铺，店长需要时常跟进充值，首先要让同事们重视充值，不要忘了充值这件事儿。店长还要制定充值的目标，同时要不定期检查导购对于充值规则及优惠政策的了解情况，尤其是新员工。在日常工作中，要鼓励导购向顾客开口推充值，并且由店长示范表率。店长如果能当着导购的面，充值成功，那么对于导购而言就是一种激励。

以下是一些推充值的小经验：

（1）相信相信的力量！我们如果相信充值是物超所值的，那么说话就有底气，顾客也感觉得到，从而提升充值的成功率。

（2）不要给自己设限，不要给顾客设限！我们导购工资虽然不是很高，但是我们的思维不能局限于自己的工资，因为顾客之中有钱人比比皆是。

（3）你喊多高顾客就敢充多高，不是顾客不敢充，而是因为你不敢喊，不要拿自己的脑袋去衡量顾客的口袋！

（4）充值的顾客只有两种：一种是贪，一种是情！

下面是某童装店张老板的亲身经历：

一次，有个客户带着儿子来看衣服，她儿子一直说要吃肯德基，我试探地问他想吃什么，小朋友说想吃鸡腿。我直接通过微信从肯德基叫了个全家桶过来……后来客户直接给我充值 3000 元！

（5）非销和服务是解决一切问题的有效方法！非销就是跟顾客聊销售以外的事情，例如聊工作和生活。通过跟顾客聊天，拉近距离，增加信任；再通过用心服务，让顾客感到暖心、感动甚至产生亏欠感。如此一来，顾客充值的概率会大大提升。

（6）续充的目的是抓住顾客的下一单消费，金额不要太高，但是一定要有余额！

（7）向顾客推充值时，导购需要流利地说出充值卡的好处，要让顾客感觉赚到了便宜，或者物超所值。

（8）把顾客当成你的朋友。把顾客当成朋友，与顾客产生情感联结，有利于获得顾客的更多信任，在顾客需要的时候，将会首选我们的店铺充值。

（9）只要我再推一次，顾客这次就充了。毕竟，推一次就成功的事情可遇不可求，但是只要服务好，只要再推一次，可能顾客犹豫不决的心就定下来充值了。

（10）"二拍一"合作，充值的成功概率更高。毕竟一个人能做的服务有限，知道的东西有限，当然气场也有限，如果大家精诚合作，优势互补，势必增加顾客充值的概率。

（11）充值成功后，可考虑给顾客拍照或合影，在朋友圈晒图祝贺！有图有真相，这样可以在一定程度上吸引其他顾客来店里充值。

下面，我们来看看浙江织里某女装店店长春玲的分享：

那天上午我在三店，12点的时候被调到了四店，当时是我和小星当班。

白天人挺少，只成交了一单，晚上的时候人多点。我记得很清楚，进来一个女的和她儿子，还带着一个同伴及其儿子，她进来的第一句话就是："美女，你帮我选选看，有没有适合我穿的衣服？我上半身比较胖。"

我说："有啊。"说着，拿了一个套装给她。

她试穿后，比较满意，后来又试了几款连衣裙，都觉得可以。

她试衣服的时候，儿子一直在找她，小星就哄她儿子，给他拿吃的，拿气球。

她的同伴也带着自己的儿子，然后我就和她的同伴聊天，问她儿子多大了，怎么样怎么样……聊着聊着，气氛比较融洽，不管她朋友穿哪件衣服她都说还可以，挺好看的。后来她朋友选了两套，当时已经确定要了。

我说："美女，我们还有个活动你可以听一下，就是充值送衣服，充1400元，这套衣服免费送给你，你的充值卡里还是1400元，同时你以后就成为我们家终身VIP，我们有十家店，童装，女装，还有男装，你的朋友可以享受和你一样的折扣。"

看她的眼神是心动了，然后她和同伴用家乡话商量了一下，大概意思我也能听懂。她同伴说："办卡还划算些，这条街去哪家买上一套都要二三百元。"

这时候我心里已经有底了，有点小激动。

其实那个女的挺爽快的，也没怎么夸她。

因为找衣服和哄孩子要花时间，一个人忙不过来，多亏小星一直在帮我。

她们走的时候还加了店铺和我的微信，而我则送给她们矿泉水、糖果和气球，她们一直说"谢谢"。

我想说的是：第一，了解自己家的货品，知道哪些衣服适合哪些人；第二，要大胆地推荐，多推荐；第三，同事之间"二拍一"合作相当重要；第四，推充值卡要多说，重复地说；第五，对顾客的同伴一定要多聊天，多赞美；第六，服务要真诚，把顾客当朋友，你的真诚会打动她们。

11. 售后服务提升回头率

商品出售给顾客后，不应该视为销售工作的全部结束，而是另一种开始。

良好的售后服务不但能够增加顾客的信任度，提升成交率，还能够提升顾客的忠诚度和回头率，甚至会吸引新的顾客来店选购。

有一次，湖北鄂州葛店唐狮品牌店熙禹向我求助：

"今儿遇到个顾客，拿着去年买的羽绒服，严重褪色，我闻着还有樟脑丸的味道，但她坚持说没放过樟脑丸，看样子她想要退款。我觉得是她洗涤不正确的问题，目前也在问其他买过这款羽绒服顾客的反馈。我提出送个充电宝给她，但感觉她不接受这样子，想退款。衣服的吊牌价格659元，她是88折买的，实付580元。"

我的建议：

"该件羽绒服已经穿一年了，过了售后服务期，总部肯定也不会退换货，但是鉴于是老顾客，且期望退款，这种事属于个案，特殊情况特殊处理，建议给她290元（580元的一半）抵用金，也就是下次她再来买衣服时可以抵扣 290 元。过几天再给该顾客发红包 6.66 元。"

10 多分钟后，熙禹开心地告诉我：

"问题解决了，送给顾客抵用金 330 元（因顾客表示自己是 659 元买的），还送了一个充电宝！被顾客夸了办事效率高！后面还跟顾客愉快地私聊起来！"

同时，熙禹对发红包之事表示认可。

后面，该名顾客成为经常光顾葛店唐狮品牌店的老顾客，有时该顾客还会带闺密来购物。

通过以下数据，能够更加直观地知道售后服务对销售到底有多大的影响。虽然这些数据属于多个调查对象的平均值，未必特别精确，而且消费者也在变化，但是依然能给我们一些参考与启发。

第一个数据是：发展一位新客户的成本是挽留一个老客户成本的三到十倍。

第二个数据是：客户忠诚度每下降百分之五，店铺的利润就会下降百分之二十五。

第三个数字是：向新客户推销产品的成功率是百分之十五，像现有的客户或者老客户推销产品的成功率是百分之五十。

第四个数据是：如果每年客户保持率增加百分之五，利润将会增加达到百分之二十五到百分之八十五。

第五个数据是：百分之六十的新客户是来自于现有顾客的推荐。

第六个数据是：百分之二十的客户会带来百分之八十的利润。

所以，维护好和现有顾客的关系，对店铺来说是一件非常重要的工作。换句话来说，就是谁能够赢得顾客谁就能赢得店铺或者品牌的长远发展，其实也就是得顾客者得天下。

从目前的服装店的售后服务实践来看，广大的服装店纷纷推出了良好的售后服务措施，包括但不限于：

（1）退换货服务。顾客可以根据服装店的相关售后服务条款，就尺码、质量以及其他问题，到店进行退货、换货等。

（2）免费维修服务。例如，回到店铺免费享受一定的衣服缝补、鞋子损坏维修等服务。

（3）免费熨烫服务。例如，顾客可以把家里的衣服拿到有此服务的店里，由店铺提供免费熨烫服务。

（4）免费擦鞋、保养服务。

下面是山东临沂葛晓艳的分享，顾客已经购买衣服要走了，她还帮顾客护理了两双鞋子。相信这位顾客一定很开心，下次还会来这家店购买。

昨天有位姐来买了件珍珠绒外套。起先，我给她推荐了一套金丝绒套装，她穿着很喜欢，但是觉得价格有点高，最后只拿了一件价格比较低的珍珠绒外套走了，走的时候我还说："姐，这套衣服给你留着，喜欢的话再回来拿。"

姐说："考虑考虑。"

我说："好的。"

今天一大早，姐来了就问："昨天的衣服还有吗？"

我说："有，给你留着呢，昨天有个顾客喜欢，我说已经有个姐预留了。"

姐很高兴地埋单了，一套500元。

送姐到门口的时候，看到姐的电动车筐里有两双高跟鞋，我说："鞋子我给您护理一下，一会儿你开车路过这里时再来拿。"

姐说："那多不好意思。"

我说："没事的，要下雨了，您先回家，鞋子一会儿就好。"

鞋子护理好后，过了一会儿姐回来拿鞋子，看到鞋子护理得跟新的一样，开心地笑了。

有的顾客跟店铺熟了，还会把家里的鞋子拿到店里，由店铺提供免费擦鞋、保养服务。

（5）免费洗衣服务。像七匹狼、柒牌、利郎等男装店推出了免费洗衣服务，凡在店里购买的鞋服，都实行免费洗衣、保养等服务。

（6）还有一些服装店，主动走进一些重点 VIP 顾客的家里，为顾客进行成套搭配、熨烫衣服、鞋子保养等服务。

服务的特点

我们来看看服务都有哪些特点。

第一点，服务是无形的。

服务没有具体的形状或者样子，只能靠我们的顾客去感受去体验。

第二点，服务是无法预造和存储的，消费与生产同时发生。

生产和消费同时发生，即只有生产出来了，才会被顾客感受到。我们不能说把一次好的服务储存起来，等下一位顾客来了我再拿出来，这个是不行的。另外，覆水难收，失败的服务无可挽回。

第三点，服务质量因人而异，不易控制。

每一个顾客都不一样，有时你用基本相同的服务态度或者标准去接待顾客，但是有一些顾客是满意的，有一些顾客却是不满意的。所以，服务还是需要有针对性才行。

顾客的满意是衡量服务价值的唯一尺度，服务质量的评价取决于我们的顾客，评价的标准，是因人因时因场合而异的。

同样的服务态度，有些顾客会喜欢，有些顾客却不喜欢。

有个上海的顾客到某店铺购物后，投诉接待他的店员服务态度不大好。

客服人员问他："请问先生，您能给我形容一下当时店员接待您的时候是怎样的吗？"

他说："其他的都挺好的，就是那个笑容我接受不了，我感觉那不是微笑，而是奸笑。"

之后客服人员了解到，当时接待他的这个店员是该店的销售高手，微笑服务也是做得非常好的，她的服务是没有什么问题的。

当然，好的服务，热情的服务，可能有极少数顾客不喜欢，但是绝大多数顾客是喜欢的。

第四点，服务既是技术又是艺术。

为什么说服务是技术呢？因为服务是有规律可循的，服务的过程是可以模仿的，此外，很多服务的原则，也是可以借鉴、遵循的。

为什么说服务是艺术呢？因为服务是要用心去体会的，服务的过程是一个创造的过程，所有的服务个案，只有相似，却从来没有重复。

售后服务之处理顾客投诉

顾客购买商品后，有可能因为各种原因而投诉，店铺不能消极回避，而应积极面对，进行有效的服务补救，提升顾客满意度。

对顾客而言，投诉是自己的期望没有得到满足的一种表述。

对店铺而言，投诉是补救服务或产品欠缺带来的损失，挽回不满意顾客的机会。

顾客投诉的目的，一是以经济满足为目的；二是以精神满足为目的。

很多情况下，存在着没有答案的两难选择：

顾客是上帝，是朋友，顾客满意是我们生存的基础。面对投诉的顾客，在力所能及的情况下，我们宁可在一定程度上牺牲自己的利益，也要尽量答应顾客的要求！

但是另一方面，商家不是慈善机构，不能姑息迁就。面对投诉的顾客，只要我们没犯错，绝对不要轻易答应！否则，轻易出卖企业利益，长此以往，我们将无法生存！

做到四点提升顾客对售后服务的满意度

我们都希望给顾客提供一个良好的售后服务，那顾客通常对服务的质量有什么要求呢？换句话说，我们如何做，顾客才会比较满意呢？

其实一点都不难，只要我们做到以下四点，顾客基本就不会感觉到不满意或者不舒服了。

第一点，容易联络。

容易联络的意思是，当顾客购买我们的货品出现问题，或者在购物的过程当中店员提供的服务不能令他（她）感到满意的时候，可以很容易地投诉，或者到店铺后能够很容易地找到处理他（她）问题的人。

很多店员或者店长害怕顾客投诉，因为他们觉得投诉不是什么好事，而且很多顾客投诉时情绪也会比较激动。一般而言，顾客来投诉是为了解决问题，如果发生问题后，可能连解决问题的人都找不到，或者内部推来推去，那就连最基本的信任都不复存在，顾客又怎会善罢甘休呢？更不用说再次光临了。

第二点，态度友好。

顾客投诉时找到了我们，我们还需要态度非常友好地去接待。无论是电话接待还是顾客到我们的店铺现场，我们都要特别留意态度一定要友好。电话接待的话，虽然见不到顾客本人，但是你的情绪顾客是可以通过电话感受得到的，所以，语气态度一定要特别注意。如果是现场接待的话，当顾客情绪比较激动的时候，我们要尽量将顾客请到一边或者说店铺外面比较安静的地方来处理，不要让这个顾客影响到其他顾客购物的情绪。

另外，在处理人员的选择上，要尽量让店长来处理。一方面，店长的经验比较丰富；另一方面，店长处理的权限也会比较大。

但是要切记，不能为了让顾客感觉你态度友好，就不计后果地去承诺顾客你做不到的事情。

有时候，我们可以采取一些缓兵之计，告诉顾客这件事情需要请示一下老板或者领导，这样可以让顾客感觉到你重视他（她）的问题。即使之后你没有能够彻底地解决他（她）的问题，他（她）也感觉到你尽力了。当然，如果是一些比较小的、没什么争议的投诉，比如说比较明显的质量问题，店长可以交给店员来处理，慢慢地锻炼店员处理投诉的能力，同时也希望店员能够通过锻炼为顾客提供更好的服务。

第三点，沟通顺畅。

当顾客来反馈问题或投诉的时候，尽量让双方的沟通顺畅。例如，我们可以添加顾客的微信，这样的话，沟通起来比较顺畅。

第四点，解决问题。

顾客来反馈问题或者投诉，目的就是希望解决他（她）的问题。如果他（她）的问题不能够得到妥善解决，即使我们再容易联络，态度再友好，沟通再顺畅，顾客都不会满意的。当然，顾客的问题没有得到妥善解决，说明前面三点可能也做得不太好。

处理顾客投诉的四个错误

在处理顾客投诉中，我们要尽量避免出现以下四个错误：

第一，技术幼稚，缺乏对业务能力的关注。

如果我们对店铺的售后服务条款、相关制度以及基本的法律常识等不知道、不理解的话，在处理顾客投诉的时候，往往会很被动，所以店铺人员，尤其是店长，一定要对店铺相关的制度条款非常熟悉，当顾客有异议的时候，我们能够第一时间非常清晰地告诉顾客，你这样处理的依据是什么。现在的顾客，维权意识越来越高，所以，掌握一些基本常识，是我们处理好投诉的基本功。

第二，对事不对人，缺乏对个人品格的关注。

在日常生活或者工作当中，我们做事情要尽量对事不对人，不要掺杂太多的个人感情因素。但是在处理投诉的时候就完全不一样了，我们既要对事又要对人。

为什么这么说呢？因为每一个顾客都是一个特殊的个体，他（她）的喜好、性格、脾气也是不一样的，所以我们要根据顾客的不同特点而去服务顾客，尤其是在处理顾客投诉的时候。我们在和顾客沟通的时候，可以通过多观察多询问来进一步了解顾客。

第三，情绪化，缺乏对自我管理的关注。

每个人都是有情绪的，好情绪是处理好问题的一个开端。

我们每天在店铺接触的顾客有很多，也经常接触不同情绪的顾客。顾客在生气的时候，脾气可能很暴躁，说的话也可能很难听，甚至很伤我们的自尊。但如果我们把顾客也数落一遍，也许当时的感觉很爽，但却为后面带来巨大的麻烦。

有个顾客在店铺购物的时候，找某店员要一个购物袋，遭到店员的拒绝，于是在店铺破口大骂。

这位被骂的是一个女店员，当时有一个正在店铺做陈列维护的男店员，他实在无法忍受自己的同事被顾客这样辱骂，拿起手中的剪刀刺伤了顾客。

后来，不但店铺给顾客赔偿了一大笔钱，店铺形象也受到了很大的影响，当然该店员也被辞退。

当遇到情绪激动的顾客的时候，我们尽量不要和顾客发生争吵。如果一个小的东西如购物袋就能够让顾客停止争吵的话，尽早满足顾客的要求吧，避免使问题进一步恶化。

第四，教条化，缺乏灵活性。

公司有公司的制度，店铺有店铺的要求，作为店铺人员，我们要尽量按照制度和要求来做。

但是遇到特殊情况，我们还是要灵活处理的。不用每个顾客都一视同仁地告诉他（她）"公司或店铺的制度和要求就是这么定的，我也没办法，只能这样做"。如果我们这样回应顾客的话，只会让顾客感觉你特别失败，而且，顾客也会认为你没有诚心或者不愿意为他（她）去解决问题。

比如，有的公司规定，顾客购买的货品，如果一周之内衣服保持完好，不影响二次销售，而颜色和尺码不合适的话，是可以回店铺更换的，超过一周就不可以更换了。但是，如果这个顾客是给家里人买的，而家里人刚好这段时间没在家，因此换货的时间超过了一天或两天。将心比心，我们也要尽量地为顾客处理。说不定我们在给顾客换货的过程当中，因为我们良好的服务和特殊的照顾，她多买几件衣服也不是没有可能的。所以，能做的，我们尽量做好，谁也不知道今天我们多做一些，明天我们会收获哪些意想不到的惊喜呢。

131

售后服务过程中的沟通技巧

沟通中的障碍

售后服务过程中的沟通障碍包括：

（1）获得信息片面。

（2）选择性知觉。

（3）情绪化。

（4）对肢体语言的判断失误

排除这些障碍，我们能够更加高效地处理顾客投诉等售后服务问题。

沟通的第一个障碍是获得信息片面。

投诉的顾客很有可能只告诉你对他（她）有利的信息，不利的信息，他（她）可能会回避或者只字不提。

例如，某售后客服人员小碧接到了一个投诉。

顾客反映：买了30多件T恤做工作服，穿了不到一周的时间，褪色特别厉害，顾客认为产品一定有质量问题，要求退货。

经查，该款T恤是纯棉的，舒适感还是不错的，纯棉产品的色牢度确实不是非常好，但是正常情况下也不至于褪色特别厉害！

小碧问顾客是如何穿着和洗涤的，顾客表示是按照正常来穿着和洗涤的，没有什么特别。

当时，小碧只是电话受理顾客投诉，看不到货品的真实情况。但是，小碧相信一定还有一些其他的信息是顾客没有告知的。

于是，小碧继续问顾客，T恤是整件褪色特别厉害，还是哪一个部位褪色特别厉害？

顾客马上说是肩膀部位褪色特别厉害。

小碧继续问："请问先生，您从事的是什么行业？"

顾客说："我们是送水公司的。"

小碧一听马上就明白了，原来顾客的同事是穿着这款 T 恤送水的。夏天天气炎热，身上容易出汗。加上一桶几十升的水扛在肩上，增加了衣服的摩擦，这样就非常容易导致衣服褪色了。

小碧告诉了这位先生褪色的原因，同时也称赞他非常注重公司员工的形象，给员工买统一的工作服。

除了称赞顾客，客服还是需要解决问题的。

接下来小碧就建议他：因为工作的特性，建议他们的工作服最好选择棉涤混纺的产品，不但舒适感比较好，保型性和色牢度都会比较好，而且价格差别也不大。

后来，这位顾客没有再说要投诉了，并对小碧的建议表示感谢，还说之后会考虑小碧的建议。

所以，我们在处理顾客投诉的时候要多问几个问题，直到找到问题的根本所在，不要被顾客的气势所压倒。因为只有知道了真正的原因，我们才能够对症下药地处理问题，否则我们绕半天也处理不了。

沟通的第二个障碍是选择性知觉。

人们往往会根据自己的需要、动机、经验、背景和其他一些个人特性，有选择性地看或者听。

在投诉的时候，顾客可能会说，我上次遇到这个问题的时候就是这样的，又或者说我在别的服装店人家都是怎么处理的。等顾客说完了，我们还是要和顾客该确认的确认，该澄清的澄清，不要被顾客牵着鼻子走。

沟通的第三个障碍是情绪化。

顾客自然很容易情绪化，例如紧张、激动、强硬、愤怒，我们则要安抚顾客，让顾客安心，使其情绪稳定下来。

当顾客的情绪比较激动的时候，我们一定要淡定，千万不要跟着顾客一起来激动。可以先安抚他的情绪，比如说，先让顾客喝口水，或者请顾客到一边坐一下，并告诉顾客："没有关系的，我会慢慢听您说，您把事情和我说清楚了，我才能够更好地帮您解决问题。"

　　我们要留意的一点是，顾客在诉说的时候，我们一定要很认真地聆听，要不时地点头或者重复顾客的一些话，这表示你在认真听他（她）说。对于一些重要的信息，要反复地确认，甚至用笔记录下来，避免顾客没有安全感，反反复复地说。只要我们的诚意让顾客感受到了，通常顾客的情绪会迅速好转。

　　很多顾客在投诉的时候，可能怕商家不能重视和解决问题，以为语气重，声音大，店家怕影响营业，就会及时妥善处理。但是一旦看到我们处理问题的诚意后，一般就不会那么激动和不依不饶了，而是会把情绪慢慢地处理好，慢慢地跟着我们一起去解决问题。

　　沟通的第四个障碍是对肢体语言的判断失误。

　　同样的话，如果我们用不同的语气，或者加上不同的肢体动作，也许会产生完全不同的感觉。

　　比如说，大冷天的时候，顾客因为衣服的质量问题，从家里大老远地来到店铺。有的店员一看到顾客来投诉，就会本能地觉得晦气，或者紧张、害怕。而另外一些店员可能会关切地给顾客倒杯热水，并且说："抱歉抱歉，这么冷的天，还辛苦您从家里大老远地来到店铺，请您先喝杯水，让我看看衣服出现什么问题了。"这些店员很容易打开和顾客之间的话题，并且也能够很快地取得顾客的更多信任。在轻松的氛围下，顾客也会更加愿意告诉你，他（她）是怎么穿着、洗涤和保养的。这样，也更有利于店员判断衣服出现问题的原因。

　　如果确实属于质量问题，必须迅速给顾客处理，顾客自然是会满意的。

　　如果不属于质量问题，顾客也一定能够从刚才有效的沟通中理解问题出现在哪儿，即使心里有小小的遗憾，但是也因为自己理亏，不至于不满意。当然了，如果条件允许的话，建议给顾客赠送一些小礼品，表示对顾客辛苦来一趟店铺的感谢。礼物虽然很小，但至少让顾客在回家的路上感觉温暖一些。

　　换位思考，将心比心，我们只要能够很快很肯定地回答自己两个问题，那我们的投诉处理基本就是没问题的。

　　第一个问题是，如果你是顾客，你用刚才你的服务态度来对待自己，你是否会满意？

第二个问题是，如果你是顾客，对于你刚才给到的处理结果你是否会满意？

如果以上两个问题，你的回答都是肯定和满意的，我相信顾客大多也是满意的。

售后服务的沟通要诀

顾客服务沟通要诀包括：

（1）积极且正面；

（2）从顾客的角度看待和描述问题；

（3）一诺千金；

（4）永远不要责备公司，所有的问题都是由具体的产品和同事造成的。

第一、二和第四点都比较好理解，大家对于第三点"一诺千金"可能不太理解。

一诺千金就是不要轻易地向顾客承诺你做不到的事情，但只要你向顾客承诺的事情，就一定尽最大的努力去实现。如果你的承诺不能实现，就会失信于顾客，对后面问题的处理带来更大的难度。有些问题我们可能不能一下子就有处理结果，比如，顾客先前买了一件价格比较贵的皮衣，后面投诉说有质量问题。你看了皮衣后，可能也判断不了是不是质量问题，这就需要送回公司总部、工厂或相关检验机构去做鉴定。在鉴定结果出来之前，你不能够承诺顾客具体如何处理，也没法向顾客承诺具体哪一天可以处理好，但是你可以告诉顾客一个大概的处理时间。

之后，你一定要紧跟这个问题的处理进度，及时把这个进度告诉顾客，让顾客心里有数。

相反，如果顾客来投诉之后，你把货品送回公司总部、工厂或相关检验机构鉴定了，鉴定结果半个月才出来，出来后你才联系顾客，拖了这么久，要么顾客很失望，要么很生气。

我们处理投诉的时候要给顾客安全感，即使不能承诺顾客想要的结果，但至少用行动告诉顾客我们在积极为他（她）处理。

处理售后服务的禁止法则

处理售后服务的禁止法则主要有：

第一，立刻与顾客讲道理。

第二，急于得出结论。

第三，一味地道歉。

第四，吹毛求疵，责难顾客。

有时我们处理投诉心里会比较烦躁，很希望赶紧把顾客打发走，所以会立刻和顾客讲道理，并且迅速地单方面给出结论。你越急，越容易让顾客感觉到你的不耐烦。有些店铺，店员一看到顾客投诉，也知道自己做得不对，就一直不停地说"对不起"，其实我们可以不卑不亢地和顾客进行沟通，把问题弄清楚，根据实际情况来处理。

有时候，我们可能也会对顾客的态度有要求，比如，顾客这样跟我说话，我凭什么给他（她）处理？或者说，这个顾客说话太难听了，我根本就不想理他（她）。这种情况，其实就是我们自己不能以很好的情绪来处理问题，非但不能把问题处理好，还很有可能导致顾客由本来投诉产品的质量问题升级为投诉服务态度问题，令问题的处理变得更加复杂。

顾客投诉的原因及处理技巧

顾客投诉的原因包括但不限于：

（1）因服务态度不良而投诉；

（2）因产品质量而投诉；

（3）因促销活动而投诉；

（4）因未遵守服务承诺而投诉；

（5）因产品标识不清而投诉；

（6）因在卖场发生意外而投诉。

第一点，因为店员的服务态度不良而导致的投诉。

顾客购买的产品在发生售后服务问题之后，是需要他（她）花费时间来处理的，所以顾客也会觉得很烦。顾客迫切地需要有人能够负起责任，来帮他（她）们处理问题，如果这个时候我们店铺的服务不周到，就会引起顾客的强烈不满。所以，出现问题，我们一定要及时地了解问题所在，并快速地处理，让顾客看到我们的快速反应，否则顾客是很难满意的。

第二点，因为产品的质量问题而导致的投诉。

不管产品出现怎样的质量问题，店铺如果能够表现出积极主动的处理问题的态度，就会给顾客留下良好的印象，并且信任你，放心地将问题交给你处理。

一般而言，看到你的积极主动，顾客也就不会再不依不饶了。

顾客将问题交给我们之后，一定要及时地向他（她）反馈处理进度，即使不能够按照约定的时间给顾客一个结果，也应该提前告知顾客，免得顾客焦急等待。如果有特殊的情况，比如说，顾客提出的赔偿要求得不到满足等，也要耐心地和顾客进行协商处理。另外，我们也需要对各种面料的特性和洗护保养非常地熟悉和了解，才能够很快地去判断问题所在，快速地给顾客处理。

第三点，因为促销活动而导致的投诉。

有时候，店铺促销内容不止一个，很容易让顾客和店员混淆；有时候，促销活动结束了，店铺没有及时将海报撤下来，误导了顾客。这些都很有可能引起顾客的投诉。

解决问题的方法不止一个，当出现问题的时候，当你一时无法解决的时候，千万别忘了求助同事、上司、商场主管等，不要因小失大。有时顾客的购物目的是很明确的，而且已经挑选了很多货品即将付款，尽量不要因为一些小问题导致顾客放弃购物。

有一次，我在福建长乐某男装店巡店。某顾客看到店里的海报上写着"全场7折"，于是兴致勃勃地选了一套西服，一双皮鞋。埋单时，发现收银员收的钱跟自己算的差很多，然后一件一件地对价格，才发现皮鞋竟然不打折！顾客非常生气，说："如果我粗心一点，这不就被你们坑了180块钱？！"店员解释说："全场7折，但是不包括鞋子。"顾客依然很生气，不能接受，于是店长过来赔礼道歉。

第四点，因未遵守服务承诺而导致的投诉。

例如，有些顾客希望你能够给他留一两件衣服，回过头来再买。你可能一转身就忘了，等顾客再回来的时候已经卖给其他顾客了，这个时候顾客很有可能会投诉你。

所以，要牢记对顾客的承诺，诚信是一种无形的资本，信守承诺，是诚信的一种表现，是无形的品牌价值。

世上没有绝对的事情，履行不了的承诺要提前告知顾客，要做到这点，就要记下顾客的联系方式。另外，最好不要太绝对地告知顾客是可以还是不可以，说话要留有一定的余地。

第五点，因产品标识不清而导致的投诉。

有的店铺标示的价格或折扣与实际不符合。例如，一组龙门架上有一个大价格牌"199元"，可是里面有几件衣服却是299元，等顾客兴致勃勃地埋单时，店员才告知需要多支付100元，顾客可能会很生气。

有些店铺搞促销活动时，价格会有调整，但如果促销活动结束后价格标签不及时还原，导致顾客付款的钱比促销价要多，顾客事后发现了也会投诉的。店铺什么时候搞活动，顾客是不会去关心的，顾客关心的是自己今天可用什么样的价格来购买。

如果属于店铺的疏忽，那么虚心承认错误，为下一步处理问题打下良好的沟通基础，也是尊重顾客的重要体现，更是让顾客信任我们的一个先决条件。所以，一旦我们有错就应该立即承认，并且积极去处理。

每天开店之前，都要仔细地确认价格变动的信息，这也是从根本上杜绝此类投诉的有效办法。日常工作做到位了，能够有效地预防顾客的不满，维护店铺的形象。

处理投诉的方式没有统一或标准的答案，需要我们在工作当中，多留意、多观察、多总结。

第六点，因在卖场发生意外而导致的投诉。

比如，出现顾客的贵重物品丢失或者在店铺意外受伤等情况，都会导致投诉。很多店员因为急于想成交，会主动提出帮顾客看管东西，比如说看管衣服和包包等，后面又因为销售忙碌而无暇顾及或者疏忽，导致顾客的物品被盗，或者被一些职业小偷逮住机会下手。

所以，尽量不要为顾客保管物品，要请顾客自行保管，如果比较熟的顾客或者顾客提出请店员帮忙看一下私人物品，需明确无贵重物品。如果在店铺发现了惯偷，就要立即找合适的机会通知顾客，或者用暗语来提醒其他的店员留意。如果顾客的物品在店铺丢失，我们要在第一时间协助顾客报警，由警方来处理会比较妥当，因为店铺属于公共场合，顾客也有保管他（她）自己物品的义务。

一般来说，店铺是不需要承担顾客丢失物品的责任的，但是有种情况除外，就是如果你答应为顾客保管又没有保管好的话，那就需要承担责任了。

如果顾客在店铺意外受伤，比如说被货架划伤，或者摔倒，或者顾客的小孩在店里碰伤、被开水烫伤等，店员一定要冷静。店员要关心并了解顾客受伤的情况，不管严不严重，都要尽快地协助顾客处理伤口，并且道歉。如果顾客又提出一些额外的要求，那一定要尽快和上司沟通，给予相应的处理。

如果顾客伤势比较严重，那一定要谨慎处理了，在初步处理伤口之后要陪同顾客到医院，至于治疗的费用要积极和顾客沟通。

顾客在店铺内意外受伤，店铺是一定要承担责任的，但至于要承担多少责任，要看具体的情况。发生这种意外情况，店铺要第一时间通知上级领导，并且和顾客保持积极的沟通。如果双方赔偿方案是有分歧的，也可以通过咨询当地的 12315 或者咨询律师来处理，切不可采取躲避的态度，否则很容易导致事情恶化，影响店铺的形象和生意。

理性处理顾客投诉

在处理顾客投诉时要考虑周全，注意以下三点：

第一，客户不仅是物质利益的追求者，同时也是情感满足的追求者。

处理问题的时候，我们要在满足顾客物质要求的情况下，多站在顾客的角度去考虑问题，给予顾客足够的尊严，要让顾客在舒适和有一定安全感的状态下解决问题。现在的市场竞争是很激烈的，产品的同质化很严重，服务已经成为各服装店差异比较大的地方。越是让顾客有良好服务体验的店铺，越能吸引顾客再次来消费，成为店铺较为忠实的粉丝。

第二，店铺利益不可侵犯，客户满意至高无上。

在条件允许的情况下，首先要维护公司的利益，但是如果顾客满意能够给店铺带来更大利益的话，暂时的付出又何乐而不为呢？所以我们在处理顾客投诉的时候，眼光要放长远一些，不要紧紧地盯着眼前的这点小利益不放。

第三，投诉使我们能够认清自己，投诉让我们有进步。

投诉，往往让店铺处于很不利的局面，但其实我们还是有机会挽留顾客的。处理得当，有些顾客会成为我们的朋友和忠实的粉丝。如果我们在处理顾客的投诉中，得到了顾客的认可甚至超出了顾客的期望值，顾客不但会支持我们的工作，还能够推荐其他的顾客来我们店铺消费。

我们都是普通人，在处理顾客投诉的过程当中，难免会遇到得理不饶人的顾客，也难免会遇到很难沟通的顾客，但是不管怎么样，这也是我们工作的一部分。既然选择了服务行业，就一定要接受服务行业的种种，不管是如意的还是不如意的。

有几句话说得好，别人生气我就生气，那是兽性；别人生气我不生气，那是人性；别人生气我不生气，并且微笑，那是佛性。至于你要修炼到哪一种境界，全在于你是怎么想的，怎么做的。

把顾客投诉处理好，需要我们具备比较综合的能力，既要有专业方面的知识，也要有为人处世的道理，其中的技巧，很是微妙，需要我们带着一颗童真的心去处理。

把顾客投诉变成销售机会

下面来看看河南信阳的店主王老板是如何把顾客投诉变成销售机会的。

一位顾客在 7 月 22 日买了一条连衣裙，原价是 200 多元，当时在搞活动，她花了 155 元买的。

到了 8 月底，她微信告知："裙子缩水比较严重，穿了不好看，想退货。"

店长（其实是店主）表示：需向公司反映，让她耐心等通知。

8 月 31 日，店长告诉顾客："有时间时把裙子拿到店里看看。"顾客当即拿到店里。

店长说："毕竟你也穿了 1 个多月了，时间太久了，而且一般特价商品是没有退换货的，所以这种情况公司不同意退换，但是您也算老顾客了，这样吧，折旧费总还是有一点的，咱们各承担一半，给你开个 80 块现金条，你任意时间来购买衣服都可以抵扣。"顾客想了想，勉强接受。

临走前，店长送给顾客的儿子一个精美的萝卜水杯，说："这个在其他地方卖 19.9 元。"顾客接过水杯，开心地走了。

店长算了算账，回头她再来购买秋冬款时，抵扣 80 块后也不会亏，甚至还能赚一点。

9 月 17 日上午 10：45 分，该顾客带着儿子来买了一套衣服，388 元，抵扣现金条 80 元，收款 308 元，扣除成本 108 元，赚 200 元。

店铺再次送了一个成本价 5 元的水杯。

下面是福建仙游某男装店导购李闽的亲身经历。

【我挽留住了一个开兰博基尼的顾客】

这是我们的老顾客了，但是之前我并不是很了解他。

前不久接过一次，当时他买了 6000 多元的衣服和鞋子，算是对他了解了几分。

这个月的 7 号，店里做活动，所以特意给他打电话，让他来拿礼品。电话里，他很有素质，很客气地答应了。

这天我看到他来了，但刚好很忙，手上有顾客抽不开身，同事在接待他。

我怕同事不熟，在对讲机里稍微跟同事说了一下他的情况。同事一边给他办理礼品，一边介绍新款及充值活动。

他一听到新款和充值，突然很生气地指着脚上的鞋子说："我这个鞋子在你店里1000多买的，才穿几天就严重褪色，真是差劲！"

于是同事向他解释鞋子褪色的问题（这些是同事后来跟我说的）。

他却变得很不耐烦，不想继续听，说："快快快，办理礼品领取手续，我赶时间！"

领取礼品后，他快速离去。

我正在门口送之前手上接待的顾客，转身回来时刚好碰见他，马上冲他打招呼、微笑，并问他："怎么这么快就走了呢？"

他也礼貌性地笑着，没有回答我的问题，而是直接说："小妹，上次的鞋子是好穿，但是严重褪色。"

还没等我答话，他又说："算了算了，算我倒霉。"然后，快速钻进他的兰博基尼跑车里（好酷的车，很霸气！）就要走。

这时候我紧跟在他身后，眼看他把车门"啪"的一关！

我来不及多想，迅速把脑袋伸进车窗里，跟他解释说："真是非常抱歉，您把鞋子脱下来，我寄回公司帮您处理好吗？"

他说："不用，寄回去有什么用，能怎样？麻烦！"

我说："不麻烦的，处理好给您打电话，如果真是质量问题，公司会给您换的，您就脱下来给我吧！毕竟1000多呢，是吧！"

他说："那你是要我现在赤脚吗？"

我说："我帮您再挑双。"

他说："你给我买吗？"

我笑着说："好呀，可以的！小事。"

这时候他被我的话逗笑了，然后就开车门下车，跟我进了店里（这时候我的脖子好酸）。

一进店，我直接麻利地给他挑了一款980元的休闲皮鞋。

一试刚好合脚，于是剪吊牌，穿着来收银台埋单。

这时候，我说："哥，您的充值卡里还有钱，直接扣吧！"

他说："没钱，里面没剩钱。"

其实他上次是我接待的，我知道他充值卡里没钱，故意这样问的，心想："就要你明白。"

我趁机说道："哥，那刚好呀，今天活动呢！你只要充值 3688 元，我们送 2188 元的羽丝被呢，超级划算的，您可以直接充值进去埋单。"

他说："嗯，那好，充吧。"于是充值 3688 元。

帮他办理充值埋单及次品登记后，送他出去时，夸了他的兰博基尼跑车，我说："听说整个榜头镇就一辆兰博基尼，您是榜头坝下人，那应该就是您这一辆咯！"

他听后很开心、很自豪地说："是呀，就是我！"（这时候他已经进车里了）

我很美慕地朝他车里看了看说："哇，我都没坐过这个车呢！"

他笑着说："那下班带你兜风去！"

我笑笑附和说："好呀，行呀！"

就这样，愉快地结束一单。虽然他只买了一双鞋子，但是充值 3688 元，还有 2000 多的余额，只要还有钱在这里，他就会再来。最重要的是，这个钻石级老顾客我挽留住了（如果他生气地走了，可能再也不会回来了），很开心，很有成就感，他一定会特别记得我的！

加油，伙伴们，坚持不懈，努力克服一切困难并且战胜它，迎接你的将是意想不到的惊喜！

下面是湖北石首黄红处理的众多售后案例中令她难忘的一个。

【阿姨来投诉，说皮鞋要穿 8 年】

前几天，一位顾客阿姨来找售后，提了一双鞋子过来，直接摔在地上！

鞋子是前年的冬款（500多块钱买的），头尾三年了！

阿姨的情绪特别激动，平不下来，首先是把店长骂了一通。因情况特殊，店长打电话通知了我。

我立即赶到店铺，刚进门就被阿姨劈头盖脸地骂了一通。见我没有吭声，接着又说："你们什么鬼鞋子，才三年就成这样了，我要去起诉你们，让你们搞不成生意，我的鞋子都是可以穿八年的！"

等阿姨把火发完了，我笑着说："阿姨，如果今天是您的孩子在这里讨生活被骂成这样，您作为妈妈心里会怎么想呀？看您这么年轻，您孩子应该和我差不多大吧？"

阿姨顿了一下，从这个细微动作可以看出，阿姨内心肯定也是有感觉的，但因为是拿鞋过来想退钱回去的心理吧，她还是说："如果是我的孩子，卖给别人鞋子就要穿八年！"

阿姨还说："皮的耐穿，穿八年正常。"

我说："阿姨，您这么了解皮的鞋子，您家有孩子是做这个行业的吧，要不您怎么这么懂，还说了个八年！"

阿姨没有回应我！

"阿姨，您骂也骂了，火也发了，您觉得怎么处理最满意？"

阿姨说："把钱退了，或者再赔一双鞋子。"

"阿姨，这个没有问题！但是您得告诉我们，您是怎样有这么高的见解的，还有您的鞋子怎么护理得这么好，可以穿八年？"

阿姨就开始讲她的见识了，说她以前是县供销社的，最好的国家单位，是她们单位第一个穿皮鞋的人等等，大概意思就是，自己对皮质是比较有权威性见解的，我赶紧拿了纸和笔过来认真记录。

接着，我重新倒了茶过来，阿姨的态度有所缓和，这次终于没有把杯子扔了。

我说："阿姨，您能不能给我一天时间，我们把您先送回去，明天给您满意的答复？"

阿姨说："可以等一天。"但不让我们送。

我让店长骑着电动车偷偷跟着（记笔记时就记下了阿姨现在居住的地方，在阿姨自豪地说自己懂皮料的时候透露的）。

阿姨住的小区是老式的，门房是个爷爷，之后和门房爷爷拉家常了解到，这里面住的大部分是以前国家单位退休的老人们，还打听到这是位内心比较纠结的阿姨。门房大爷还告诉我们，阿姨的女儿每天十一点左右会送些新鲜菜过来。

后来我找到了阿姨的女儿。阿姨女儿说，阿姨是一个非常讲究的人，出门前必须把鞋子弄一遍，回来后再弄一遍。她的每双鞋子都是这样护理，才认为理所当然要穿八年。

我告诉她女儿这双鞋子的真实情况，她女儿开始不知道鞋子已经有三年了，对我们也是不客气地说要退钱。

我说，我们亲自来上门处理，并不是因为我们鞋子质量有问题，更不是我们理亏，而是因为我们特别尊重阿姨，因为阿姨是年长的顾客，就像我们的妈妈一样（而阿姨却太不把我们当孩子了）。我告诉她，鞋子早就过保修期了。

听完后，阿姨的女儿不好意思地笑了笑，并出面协调，我们送了两百元购物券。

对于这个处理结果，阿姨很满意。

处理完后，我又买了123元的水果给阿姨送了过去。

阿姨收下水果的同时还说了句雷人的话："还算你们会处理事，知不知道，去年为了两块钱我去大世界鞋城坐了一个星期？！"

阿姨的女儿送我们出院子的时候，一直说："有点过意不去！"

当时我就对她说："听门房爷爷说，你天天给妈妈送新鲜的菜，真是孝顺呀！现在孩子们做成这样好难得了。今天的事你也别觉得不好意思，如果我有个这样的妈妈，还得爱着不是！"

说给阿姨女儿听的同时，我瞬间心里也释然了！

第二天店长打电话告诉我，阿姨女儿带朋友来买了一双鞋子，说送的券以后来买冬靴时再用（冬靴价位高些）……

145

12. 服务促进业绩倍增的成功实践

温馨服务，业绩无忧

南京某服装店，约180平方米，位置不是一般的偏僻，周边基本没有其他的服装店，货品不是一般的业余，一般售价在299元以内。

可是，它凭借轻松、无压力、亲和的购物环境以及极致的服务，真正实现了一点突破、业绩无忧！一度传闻，在基本没有搞促销活动的情况下，年销售800~1000万！

真是山外有山，人外有人！

这家店为顾客提供极致的服务，它的"服务道具"主要有三个：一个是茶水饮料，一个是零食，还有一个就是礼品，从顾客进店的那一刻就开始运用这几样"道具"。

这家店在入口的右边，做了一个吧台，专门制作各种饮料等。吧台前面还有几张桌椅，供顾客喝饮料和休息。

他们的饮料怎么送，送什么饮料，男人、女人、老人、小孩、特殊群体都做区分，从嗅觉、口感、季节、性别等不同维度为不同顾客提供不同的茶水饮料和零食，目的就是跟顾客建立情感联结和信任度，务求感动顾客，甚至让部分顾客产生亏欠感，从而大大提升成交率及回头率。

员工分工明确，有营销员、导购员、服务员等，各自有不同分工。

这家店能把服务做到极致，就连给顾客喝饮料和送礼品都能做到极致，按照顾客当下那一刻的需求为顾客提供服务。

例如，下雨天，进店的客人没带伞，就送伞给客人；开车的客人就送车上用的抽纸；带小孩的客人就送儿童零食；老人就送养生茶，女人就喝拿铁咖啡，男人就喝绿茶，或者征求顾客的意见提供所需饮料；连顾客带的宠物都有宠物食品送——就是把服务做到极致，送到客户不好意思、有亏欠感为止。

这家店的茶水饮料更是极致：分为迎宾水、送宾水、转介绍水、陪同水、饭前水、排队水、突发情况水、破冰水、打断惯性水等，做到极致。

我去考察的时候，有位小朋友想吃冰淇淋，不一会儿，服务员马上把冰淇淋给到小朋友。

服务员大约每10分钟给顾客再次端上一杯杯饮料，而且每次的饮料可能不同，常见的饮料有苹果汁、橙汁、椰奶、杧果汁、柠檬茶、咖啡等。

我在店里的时候，注意到一位40多岁的中年顾客，他在半个小时左右的时间竟然喝了6杯（有时候他2杯一拿）。可能是要去洗手间了，于是急匆匆地埋单走人。

经我现场不完全预测，进店有95%左右的顾客都有喝他们的饮料，这说明这家店的服务是真诚的、轻松的、温馨的，能被广大消费者所接受的。

目前，该店已经成为该社区名副其实的社区活动中心，广大居民在此夏季纳凉、冬季取暖。该店也成为一个约会的地点，例如，如果大家相约一起去夫子庙逛一逛，那么可能会在该店会合；如果大家相约到谁家里去玩，那么可能先在该店会合；平时在家里无聊，大家可能会相约到该店喝喝饮料、聊聊家常……这家店自然也成为社区的一个社交平台。

模仿者赔了夫人又折兵

很多服装店店主参观了南京这家店后，回去就开始模仿。模仿者也制作了吧台，免费提供各种咖啡、饮料和零食。可是，到目前为止，模仿者并没有成功的案例。服务设施倒是投资了不少，还占用了黄金销售空间，可是顾客大多不买账，店铺业绩反而下降。

有一次，我在某模仿店的外面观察了约半小时，虽然该店门口人来人往，可竟然没有一个人进店。店里只有3名导购站在吧台内外，气氛很尴尬。

究其原因，压力是顾客不敢进店的重要因素之一。因为3名导购扎堆在一起，等客上门，会使顾客感到压力。很多顾客也不知道里面的饮料是免费的。而且该店的衣服主力价位在800元以上，如果喝了免费的饮料而不买，顾客可能不好意思。这就导致很少有老顾客来蹭免费的饮料。

如果该模仿店只留1名导购在吧台，其他2名导购则在店内忙碌，抑或可以主动热情地邀约来往客人进店体验免费咖啡饮料，这样的话，人气和口碑就会慢慢好起来。

只要店主不把免费饮料与销售捆绑，并且先舍后得，真心实意把免费的服务给到广大的消费者，我相信，顾客是会慢慢感觉到其诚意，体验其服务，并帮其做免费口碑相传的。如此，该店的业绩将会受益于其提供的优质服务。

福州某女装店优质服务创佳绩

这家店位于福州马尾工业区，极其偏僻，无自然客流。该厂主要为企事业单位做制服，由于订单减少，老板决定逐步转型，并在一年前把工厂一楼200余平方米的展厅改装为服装店。

该厂是当地知名企业，工厂的形象使顾客感觉价格去掉了中间差价，知名企业的形象又使顾客感觉衣服有档次。

老板华总是温州苍南人，她主要在温州拿货，拿的基本都是中高档真丝服饰，夏装主要价位在1000元左右，冬装主要价位在2000元左右，主要目标顾客定位：40~50岁成功女士，公务员较多，第一批顾客主要是原来有业务联系的客人。

这家店由华老板亲自管理，只有1名店长和1名保安。

业绩

第一年业绩200万，纯利润至少100万以上！第二年的业绩正在稳步上升中。

主要经营策略：提供良好品质的商品，一律在原价的基础上打7折销售，一般情况下不再降价，除非特殊情况特价处理；为顾客提供优质服务，与顾客进行良好的情感联结；需要时送礼品给顾客，老顾客带新客人来也有礼品相送。

尊重顾客、迎合顾客、注重细节

顾客来前一般先跟华老板预约，顾客穿什么风格的衣服，华老板就换成该风格的衣服（华总在3楼办公室，可能看得到一楼展厅的录像），例如，顾客穿长裙，华老板就换成长裙；顾客穿得比较休闲，华老板就换上休闲服。为此，华老板的办公室备有10几种风格的衣服，随时可以根据顾客的风格更换。

店里配有各种大部分顾客喜欢吃的水果、点心、茶、糖果等，顾客可以毫无压力地免费吃。有时还会从苍南老家带一些特产来分享，例如，把苍南的葡萄一箱箱地送给顾客品尝。不仅如此，店里还有高级足部按摩器，顾客只要有时间，可以免费按摩。

顾客一般自行开车来购买衣服，有时顾客不方便，华老板也会开车接送顾客。

几乎记得所有的顾客

该店95%以上的顾客，华老板都记得，知道她们姓甚名谁，在哪里上班，担任什么职务，喜欢穿着什么风格的衣服，甚至她们喜欢吃什么都知道、记得。

因为记得，所以华老板可以确保同一单位或圈子内不撞衫，例如，教育局的张主任看中了税务局陈科长买过的衣服，华老板就会明确告知，这件衣服税务局的陈科长已经买了1件！

有次某办公室主任买了一件衣服，还没穿，可是她看到单位领导竟然穿了这款衣服，马上给华老板打电话，华老板二话没说，表示道歉，表示自己疏忽了，让她过来换或者退都可以。该主任来后退掉了那件撞衫的衣服，却又买了3件走了。

转介绍有好处

老顾客带新客人来购物，华老板都会送给老顾客礼物。

华老板对于礼物的选择非常用心，例如专门针对目标顾客的喜好，去工厂采购了一批24K的项链，另外，再从网上购买了一批精致的盒子，总成本才90多元，但是显得很高档！顾客也会觉得很有价值感，因为市面上至少要500~600元才买得到。

做生意就是做人

工厂有食堂，到了饭点，华老板就会请顾客到食堂吃饭。

华老板甚至还知道一些重点顾客喜欢吃什么！例如，某顾客喜欢吃水饺，华老板就亲自包水饺，包好放在冰箱里，该顾客来了就煮给她吃，没来，就煮给自己吃。

华老板会做人，不仅体现在针对顾客上，也体现在其他人身上。

有一次，一位大爷在公司门口卖包菜，华老板本来不需要，但是大爷连问了两遍"要不要？"于是华老板心一软就买了，一共4颗包菜，6元钱。过了几天，大爷带了一个刚从国外回来的邻居过来，买了2件大衣，2000多元。

华老板也经常购买顾客的产品，哪怕自己用不着，也会买一点送人。来向华老板推销的人，基本没有空手而归的。

邯郸永峰鞋服：打造鞋服界的海底捞

海底捞是一个以火锅为特色的连锁店品牌，服务做得非常好。

河北省邯郸市永峰鞋服，老板叫刘永峰，旗下拥有多家童装店、男鞋店。

前几年，永峰鞋服加盟了一家国内知名的童装品牌，在刘总的认真经营下，迅速成为该品牌河北省第一名，在全国也能排在前几名。

可是到了 2018 年，刘总发现遇到了"瓶颈"，业绩上不去了。

于是，刘总邀请到鞋服零售界实战派老师周新文来邯郸驻店辅导。

周新文老师详细了解了永峰鞋服的经营情况后，提出"服务突破"的方向，被刘总采纳。

通过周新文老师的集中培训，永峰鞋服团队统一了思想，系统学习了各种优质的服务理念与方法。

集训后，在周老师的策划与协助下，永峰鞋服团队展开了一场服务 PK 比赛，并由周老师和刘总的爱人刘红娟女士带头示范，亲自给顾客擦鞋、按摩等。通过服务 PK 比赛，强化了小伙伴们的服务意识，并逐渐养成了为顾客提供优质服务的好习惯。

随着优质服务的展开，成交率和回头率大大提升，业绩也稳步上升，这给了刘总更大的信心。经过反复评估，刘总正式提出：打造鞋服界的海底捞！

现在，店铺小伙伴们的服务热情高涨，为顾客提供了多种多样的优质服务，包括但不限于为顾客提供免费茶水、饮料、零食、气球、擦鞋、擦包、保养手、缝补、按摩、扎辫子、擦眼镜、修眉、化妆、剪指甲、美甲等服务，不仅得到了广大顾客的认可，更是大大提升了业绩和员工的收入！

有一次，有位女士和闺密下午 2：20 分左右来到邯郸永峰鞋服旗下的一家童装店，店铺同事赵可鑫和王静立即给该女士和闺密擦鞋和保养手，周老师则亲自给该女士按肩膀，一直按到下午3：48分。最后，该女士消费了1500元。

还有一次，某夫妻来到永峰鞋服旗下的一家童装店，男顾客腰疼，周老师立即拿出泰国青草药给他擦药、按摩，足足按了20分钟。男顾客很感动，当即要请周老师吃饭。第二天，该男顾客的爱人带着闺密过来体验服务，又得到了店铺同事刘娜、孙海静等的擦鞋、保养手、保养包和按摩等服务，最后她们买了627元的衣服。

现在，每天都有一些顾客慕名前往永峰鞋服旗下的门店体验服务，不仅如此，很多鞋服界的同行纷纷来到邯郸考察和学习。

第三部分

服务与销售实战案例

1. 文娟第一次擦鞋的心路历程

今天晚上来了 3 个顾客，女顾客带着儿子和女儿，一进来，儿子就想喝可乐，我就拿了一瓶给他喝；女儿乖乖地玩手机，在她妈妈试完衣服后会给出几句评价，我也给她倒水了，并在边上夸赞她妈妈几句。

我发现女儿穿了一双小白鞋，有点泛黄，想起店里刚买的擦鞋工具特别好用，在经过一次又一次的心理退缩后，我拿起工具，蹲下边说"美女，我帮你护理一下鞋子，你看你鞋子都泛黄了"边拿起工具帮她擦鞋。

她有点尴尬，一边说"不用了，不用了"一边试图挪脚。

我忙说："已经开始擦了，没事的。"

由于她不愿意脱鞋，我也没办法擦得太仔细，不过效果还是不错的。

一开始她有点坐立不安，后来在她弟弟的搞怪下以及和我闲聊后，慢慢好了起来。

她的妈妈从试衣间出来后，他们两个给出的评价也很高，不过时不时也会损一损她妈妈的身材和皮肤。看得出来她妈妈并不生气，反倒习以为常，平时应该也是这样相处的。

儿子说："我喝了人家两瓶饮料了，人家还给姐姐擦了鞋。"

妈妈一看，发现女儿的鞋子焕然一新，还问了是用什么擦的，问我们店里有没有卖。

然后文静姐告诉她是在网上买的，她女儿也说淘宝就有卖。

最后比较顺利地买了一件秋装，很愉快地离开了，并且她的儿子还开玩笑地说，下次还要过来擦鞋。

这次，我迈出了保养鞋子的第一步，成功护理了第一双鞋子！

这次的感想就是：一定要用心服务！还有，最重要的是合作，因为今天擦鞋也成功地帮文静姐拖延了时间，让她可以多给顾客拿几件衣服试，最后成交！所以一定要合作，继续坚持吧，加油、加油！

2. 一个小故事，一个暖暖的家

今天接到的第一单很顺利，儿子和媳妇陪妈妈买衣服，可以从细节上看出这一家非常幸福。

儿子既孝顺妈妈又疼爱老婆，一家人非常融洽，凡是儿子看上的衣服，母亲不管喜不喜欢都会去试穿，脸上也一直挂着笑容。

跟他们聊天中得知，儿子今天拿了 1000 块现金，只为陪自己一生中最重要的两个女人逛街、买衣服、吃美食。

他媳妇忍不住也试了一件，不过她有点胖，试穿出来后，她老公也说她有点胖。不一会儿，他就解释说，以前他老婆也很苗条，生了儿子后才变成这样的。

最后母亲试了三套，拿了两套。

可能是对老婆有所亏欠和心疼，媳妇试了一件，他也说要了。

这位男顾客付款非常爽快，不过从他掏钱时的一丝迟疑和一直强调"1000 块这么快就没有了"，可以看得出他平时的工资并不是很高，但是为了老婆和母亲高兴还是爽快地付了钱。

他们走的时候，我给两位女士一人送了一个香皂，男顾客半开玩笑地说了一句："我没有吗？"我也微笑着递给他一包纸巾。看得出来他们非常开心！

这是一个小故事，一个暖暖的家！它在我心中留下了一个温馨的记忆，也许，我也很期待这样的生活。

3. 可爱的木兰姐，朴实的服务

我从事服装销售已有八年了，之前在其他店上了几年班，每天以真诚的微笑迎接、服务过好多顾客。

一晃，在杰芮服饰华尔车男装店上班快四年了，每天都会笑迎与欢送好多人来人往。华尔车姐妹们亲和的微笑也迎得了好多顾客的称赞呢！

那天晚上，下雨了，街上的客人比较少。

来了一对夫妻顾客，看了几款衣服，也试穿了 1 件。

顾客试完衣服问价格，我们也说了这衣服是特价，面料也很好。

可顾客说："贵了。"

搭档倒水给顾客喝，顾客也拒绝了，说："不喝呢！"

顾客出门后，我和同事讨论说："为什么不喝呢？可能是顾客有压力吧。"因这是第一次倒水，我们也不懂怎么办，心想："没事呢，顾客不喝很正常，就是喝了水，如果不买也没事的。"

这对夫妻顾客刚一出门，又进来一对夫妻顾客，我们很开心地又去迎接。

顾客看了几款后，看中了其中一款，我们拿下给顾客试穿，在试衣服时，我的搭档也倒了水给顾客喝了。

试穿后，顾客比较满意，问我们："这衣服怎么卖？"

我们就报出了价格，顾客想了想说："好贵！"

我和搭档就一同说服顾客："不贵，面料好着呢。"

顾客总说贵，后面还了一个价，我们没卖，于是顾客出去了。

我们没有放弃，跟着顾客出门，还是把顾客喊回来了。

顾客一进门，我们又给顾客倒水喝，笑着说："外面下雨呢，先避避雨吧。"

搭档补充道："刚才这件衣服你穿着很合身，价格很实惠呢。"

我们一直在磨，说着说着，后面顾客就买了。

埋单后，我们拿了一双袜子，说："送你一双袜子吧！"

顾客接过袜子，很高兴呢！

因看到顾客里面穿的毛衣有点旧，于是我们又接着说："买件毛衣吧！我们家的毛衣面料很好的。"

开始顾客一直说："家里有。"

我们说："换件新的吧！"

顾客听了有些心动，就随我们去看毛衣了，他看中了一款，并问了价格。

我们告诉价格后，顾客说有些贵。我们一直说不贵，可顾客还是说贵，不买了。

后面，我们建议他："去看看那些特价的毛衣吧，款式很漂亮，面料又好，很实惠的，因为断码才特价的。"

顾客点了点头，随我们来到特价毛衣区，试了几件，最后一件穿在身上很好看、很满意，顾客一直说："看在你们真的很热诚、热心服务的份儿上，我就再买一件吧。"

就这样，顾客又成交了一单，我们心里真是好开心呢！

我们说："谢谢呢！"

埋单后，我们把顾客送出门，他们夫妻俩提着购物袋，共撑一把伞，渐渐地消失在 217 路的街头。

谢谢我们杰芮服饰的芮总和黄总，给我们这么好的平台！在这个平台，我们一边学会工作，一边学会爱！也谢谢所有杰芮服饰的领导以及华尔车的姐妹们，谢谢大家！

感恩遇见！

4. 急顾客所需，想顾客所想

福建泉州德化劲霸专卖店。

9 月份的一天下午，店里进来两位男士，一看就是外地人。

其中一位男士长得人高马大，戴着金链子，大手表，一看就是土豪。

我和同事热情地过去打招呼，而且用特别崇拜的眼神说："帅哥你长得好高大啊！一看就特别有安全感！"

我们先用了夸奖的方式与顾客拉近了距离，顾客听完一开心，就把自己老家是哪里的，这次过来是干吗的，都跟我们说了。

接着，把他们引导到了休息区，并且端上我们泡好的茶水。

聊天过程中得知他出差没有带衣服，想买套衣服替换。

因为这位顾客是北方人，长得非常高大，上衣要穿 195 码，裤子要穿 40 码的。店铺内没有 195 码的衣服，所以我就拿了 2 条裤子让他试穿。试穿出来，他觉得效果不错，也没问多少钱，就说："可以。"然后问："有没有内裤？"

我说："没有 190 码的内裤呢。"

他有点小失望。

当他进去准备换衣服的时候，我立马问道："帅哥，你内裤喜欢什么颜色的，我们家虽然没有，但是我去其他地方帮你问问。"

他听完很开心，说："喜欢简单点的，灰色蓝色都可以。"

然后我拿着钱，赶紧跑到离我们最近的一家内衣店，买了一盒 2 件装的内裤，50 元。拿回店里的时候，我跟他说："贴身物品，我们先帮你过水洗一下，你回去直接晒在酒店里就可以了。"

他听完很惊喜，连声说："好好好。"

洗完之后我就用密封袋把内裤装好，并把他购买的裤子一起打包好，结账的时候并没有收内裤钱，他开始不愿意我垫付，非要给我，经过我们的劝说，后面就没有坚持。

走的时候，我特意加了他们的微信。

过了半个小时，我特意发了一条微信提醒他把内裤挂起来。他很开心，在微信上又和我聊了几句。

虽然他们是外地的，但是我相信他下次来德化出差时，一定还会来我们店里的，因为我们对他做的服务，已经让他印象深刻。

5. 小服务，开大单

早上 9 点半，我巡店到邹城贵和购物中心九牧王裤子专柜。

到店之后，我就和店长调整陈列。

10 点 30 分左右，过来三位女士，一进来就问藏蓝色裤子在哪里。

店长迎上去热情地接待，把顾客带到藏蓝色裤子区域，向她们介绍裤子的卖点。

其中一位女士说："我们兖矿集团唱红歌，要团购裤子和衬衣，裤子想在九牧王这里选，能便宜点吗？"

店长积极地回应："姐，折扣好谈，您先告诉我一下他们穿着的尺码吧。"

就在这时，其中一位女士看到价格后说道："不选九牧王的了，去 BS 品牌选，它们的裤子价格便宜，才 100 多元。"

听到这话，我暗自着急，心想，一个大单不能让它跑了，我得想法子挽留她们。

还没等我开口，一位女士（她们一起来商场的）气喘吁吁地来找她们，开口就问："你们选完了吗？我都在女装买完衣服回来了，看看我身上穿的

159

好不好看？"

有人回应说："颜色亮，提肤色，漂亮，但是你的这个毛线裙怎么脱线了？"

"呀，我的包刮到了裙子！天哪，刚买的，怎么办？"

机会来了！

"姐，您先脱下来，我帮您织补一下吧。"我上前很自信地说，"我原来在店铺有帮顾客弄过脱线的毛衫，您相信我，我帮你！"

店长立马找了一件小号的裤子让这位大姐换上。

其他三个人说："我们先去 BS 品牌看一下，你在这里等着我们吧。"

拿到裙子的那一刻我傻眼了，自己哪里织补过这么复杂的衣服啊！

心里有点发怵，但是表现得很自信，不能让她看出来我不会。

她坐在沙发上喝水，我一边织补衣服一边跟她聊了起来，从中得知她老公和爸爸常年穿九牧王的裤子，九牧王也是她向单位推荐团购裤子的品牌之一。

我告诉她："刚才这三个姐姐想买 BS 品牌便宜的裤子，我们家打完折 319 元，BS 家打完折 198 元。"

听到这里，她说了一句："那么便宜，不就是一次性的吗？光图便宜，下次不能穿了，有什么用！等着，我去把她们拉回来，但是你还得给我们再打点折。"

"没问题！我立马给领导打电话申请折扣。"

十分钟后，她和刚才那三个姐姐回到我们店里，我手里的毛线裙也织补得差不多了。

她看到后也非常满意，还夸我："小小年龄，看不出来你还会这个！"

"你们家裤子还能再便宜点吗？"她问。

这个时候我还是不能亮出底牌，就问了一句："衬衫你们选好了吗？"

一位女士答道："选好了，BS 品牌的，168 元，我们单位批准了 500 元一套的标准，现在就差裤子了，你便宜点，我们就选你们家了。"

店长在一边与她们聊天，我则躲到另一边装作给领导打电话（其实早就和领导沟通好了，只是装装样子让顾客感觉折扣难申请），回来我就装作比较为难的样子，说："姐，我们家的折扣你也知道，没有打过很低的折扣，但是我和领导说你们要 17 条，而且以后还会再来购买，这才答应便宜到 290 元。"（她们每套按 500 元的标准，其中衬衫 168 元，还剩 332 元，我给她们便宜到 290 元，比预算还少 42 元）

她们没再多说，价格谈好 290 元，我们立刻按照顾客需要的尺码整理商品，成交，4930 元！

埋单后，我们把裤子送到衮矿集团，合唱团的人穿了之后，纷纷称赞效果好。

6. 阿姨嫌贵，也不接受服务，却还是买了

今天，这两位老人让我鼻子一酸，热泪盈眶。

少来夫妻老来伴，叔叔一直陪着阿姨买鞋。

第一次，他们在我家转了一圈后出去了。当时有顾客，我在忙，没怎么接触。

过了一会儿他们又进来了。

这次，叔叔拿着一些特价棉鞋让阿姨试，阿姨总是问我"多少钱"？

有双鞋子阿姨比较感兴趣，我就报了价格："阿姨，这个鞋子是调价的，调价后 299 元。"

阿姨听了这个价格后，不想试鞋了，她感觉太贵了。

我没有多说什么，拿了工具，帮阿姨打理鞋子。

可是阿姨不想让我打理，一直挡着我的手。

我笑着说："阿姨，您买不买没关系，我帮你打理打理鞋子没什么的。"

打理完鞋子后，阿姨有一点感动，但还是感觉太贵了，一直在强调"能不能便宜一点"？

因为本来就是特价鞋了，所以说是不能再便宜的。

于是，我跟阿姨讲："我们家的鞋子是真牛皮的，是高端女鞋，原价是比较高的，现在已经调价了，买双好鞋过个年也是很不错的。您看，叔叔一直陪着您逛商场买鞋，多幸福啊！"

自始至终，叔叔跟阿姨一直都有那种相濡以沫的感觉，我情不自禁地问了问阿姨的情况，是从哪里来的等等。

阿姨告诉我：她是从老家过来的，很远。

阿姨跟叔叔似乎已经放弃了买这双鞋的念头，他们感觉太贵了，老年人都比较节俭。

但是，他们也没有走，就坐在那里考虑、犹豫，我也没有再提鞋子的事情。

我说："阿姨，您和叔叔今天逛商场也累了，坐在这里休息休息吧，我帮你们倒一杯水。"

阿姨和叔叔忙不迭地拒绝，可能是有压力吧，他们一直不好意思接受我的服务。

所以，我没有倒水，而是陪他们继续聊了起来，原来他们是骑车过来的。现在天气比较晚了，我叮嘱他们回家的时候，路上一定要小心。还对他们说，北方的天气冷，平时一定要穿暖和一点。

从表情可以感觉得到，阿姨和叔叔比较感动，他们可能觉得这么高端的鞋店，应该是比较傲慢的，却没有想到还有这样的态度和服务！

聊了一会儿，我又开始忙别的了，然后阿姨自己拿起那双 299 元的鞋子再试。

见状，我就去给阿姨讲这个鞋子是真牛皮，质量非常好，穿着比较舒服。

阿姨又拿着鞋子仔细看了看，考虑了一下，然后就让我把鞋包起来了。

我万万没有想到阿姨最后会买这双鞋子！

给他们包鞋的过程中，看到叔叔和阿姨坐在那里，真的非常感动，我忽然想到了妈妈。

叔叔结完账给我单子的时候，手里还拿着收银员找给他的一块钱纸币，我的眼眶瞬间湿润了。

走的时候，我再次叮嘱他们路上要注意安全……这时，我看到了阿姨眼里的泪花。

7. 步步为营，循序渐进，闲逛的顾客买了一双鞋

这天中午，正下着雪。

因为天气太冷，学校下午停课，家长都陆陆续续地来接学生了。

我们鞋店在学校的斜对面五百米的地方，部分家长要经过，但一般不会在我们店门口等孩子。

我和搭档也在观看今年的第一场雪，下得那么认真那么深，内心甚至有些期待下得更大些。

这时候进来一位男士，平头，短款黑色棉外套，外套没有扣上，里面是墨绿色打底毛衣，一条毛呢小腿裤，脚上一双快到膝盖的水靴，就像农村捕鱼时穿的那种水靴。

他边走边搓着手说："好冷呀！进来等会儿，孩子马上放学。"

我的搭档多多赶快给他倒了一杯热腾腾的红枣茶。（杯水服务）

多多："是的，今天好冷，喝杯热茶，也暖暖手。"

他坐下休息的区域，刚好是男鞋区。

他说："我刚从外面回来，不知道今年流行什么样的鞋子。"

多多给他拿了一款战狼靴："今年蛮流行的，鞋底比较厚，下雪也可以穿，时尚，潮流。"

他试了试，说："太野了，不适应。"

然后我又拿了一款白边的休闲鞋："来试试这款，和你的衣服是绝配。"（"二拍一"合作，主攻手快速找到合适的鞋子，进行补救）

他试了试，刚好合脚。

只见他在大镜子面前来回走动着，满意地说："这双还可以。"

既然他认可，我就开始逼单了："真适合你！是穿着，还是包着呢？"（简单的选择题，并假设他会买，即假设成交法）

他却回复说："我不买，就试试。孩子要出来了，我要去接她了！"

我问："你孩子是几年级的？"

他说："三年级。"

我告诉他："我孩子是二年级，也还差几分钟呢！何况是在二年级全部出来后，才到三年级。没事的，帮你看着时间呢。"（帮顾客解决问题或疑虑）

多多帮他续了一杯茶。（二次杯水服务）

他继续在镜子前看着，自我欣赏。

我说："你这裤子在哪"买的？今年很流行的，也很适合你。"

他说："我特意回来买的，外面都没有这么时尚的裤子。"

我说："是的，的确很时尚。石首虽然没有大城市的经济发达，但我们这里的穿着打扮也很时尚潮流，跟得上明星的节拍。"（积极认同顾客）

我边说边多多用手摸了摸他裤脚的面料："还很厚呢。"

他一脸开心的样子。

我接着说："你这件墨绿色的打底毛衣搭配得更好，特别是这半高领，不是太高，也不是太低，太低了会冷，而且很贴身。这是谁帮你搭的？"（赞美要具体）

他得意地说："我自己看的，眼光还不错吧？"

说着，他开始在镜子前解析自己的搭配。

我和多多一会儿摸摸他的衣服，一会儿扯扯他的毛衣，一会儿拉拉他的裤脚。（触摸拉近距离）

"哇！哇！你这比搭配衣服的还专业，佩服，佩服！（满足顾客的虚荣心）这鞋子你也看得很准！就穿着吧，我帮你把靴子包起来。"（再次逼单）

他回答说："我还是穿靴子吧，今天雪比较大，帮我打包这双新的就可以了！"

鞋子愉快地成交了！

他说："你们是两姐妹吗？皮肤都那么白，个子也差不多。"

我们回答："是的。在一起久了，会越来越像。"

他说："还是家里的人比较亲切，我要去接孩子了，谢谢你们，明天带我爸爸来买鞋子。"（购物体验超出顾客期望值，把顾客变成回头客）

8. 一片创可贴，交到一个顾客朋友

前些天傍晚，同事已经分批去吃饭了，一对母子进店来挑选衣服。

妈妈穿着高跟鞋，打扮得比较洋气。

看到妈妈时不时揉揉脚后跟，我便上前搭话："姐，你是穿高跟鞋脚有些疼吗？你先这边坐一会儿。"

我想起包里还有片创可贴，于是拿给了她。

她非常感动，连忙说："谢谢"。

接着我便跟妈妈说："姐，你脚疼，就坐着吧，我来帮他搭配衣服吧。"

选了几件给她儿子穿上，她对我说："小姑娘你眼光非常好，选的衣服我都非常喜欢，我儿子这么胖穿起来都这么好看的。"

我说："姐，你儿子相对来说上身骨架比较宽，像在健身房练过一样，他穿稍微宽松点的不会显胖。而且他个子比较高，小腿也不粗，穿短裤可以展现出自己的优势。"

母子俩很开心地选好两套衣服，埋了单，大姐还说要是我们没吃饭可以跟他们一起到隔壁餐厅吃饭。

我们加了微信，大姐说下次来还让我帮他儿子搭配。

我觉得自己认识的不只是顾客，更是朋友。

9. 微笑服务为我带来回头客

记得上个星期的某一天，我站在门口喊宾，从其他店走来一张似熟非熟的面孔，旁边还带着一个身材微胖的男人。

快走到店门口时，我很真诚地喊道："欢迎光临。"

那个女客人一看到是我，微笑地说："我还一直在找你呢，都不知道是哪家了。"

我热情地把他们迎了进来，然后根据他们的需求挑了几件，他们很满意，因为男客人有点胖，不好选衣服，很多衣服他穿上后，上身都不太好看。

最后花了一个多小时选好了满意的三件，女顾客笑嘻嘻地说，她最看重的是我们的服务态度和我时刻洋溢在脸上的微笑，所以特别信任我，把我当小姐妹一般的信任。

这时我的肚子一直咕噜咕噜地叫，一看时间，已经下午五点多了！

我有点饿，但是客人说要支付现金，于是我放下了手里的一切，带着客人去了一趟 5 楼 VIP 服务中心把钱支付完。

回柜台后，我把衣服一套一套地整齐折叠好，放入了包装袋，还把他们送到了电梯口。

看着他们远去的背影，我欣喜若狂，哪怕再怎么饿，还是很有成就感！

顾客的满意和信任，就是我最开心快乐的。

10. 好服务，7连单

这位姐是东北口音，来这边玩的，带着大女儿和小女儿一起。

进店之后，我们热情地端茶递水。

看到姐挎着一个包包，我让同事小吴拿过去护理了。

姐说："你们态度真好！"

这次是给大女儿买衣服的，于是，我们推荐了一款秋装短款外套和长款风衣以及内搭，鼓励美女试穿。

试穿效果都不错，最后纠结于是要外套还是风衣。

我说短款外套显得利索，里面配件白色 T 恤，搭配牛仔裤，配小白鞋好看；长款风衣也很适合你，你个子高挑，穿出来很有范儿。

大女儿想了想，都要了。

接着又给她推荐了一件 T 恤做内搭。

牛仔裤顾客也喜欢，只是没有码数了。

服务她大女儿的同时，同事小吴又给姐找了一条裤子，姐也看中了，爽快地要了。

店里正好有童装，我们接着给姐的小女儿挑选了一件童装，最后又向姐附加推销一条内裤。

就这样姐 2 件，大女儿 4 件，小女儿 1 件！一共是 7 件！

姐走的时候说要去发个快递到黑龙江，可是没带身份证。我一听，说："我带了，跟你一起去发快递吧。"

姐非常高兴，路上一直说"谢谢"。

跟姐去发完快递，我跟姐说："下次有时间过来，记得来我们店里逛逛，过些天来新款发微信给你。"

她说肯定还会再来，你们服务态度太好了。

11. 服务至上，停电也能卖个8连单

今天停电，大家从后门进店，费了九牛二虎之力，几个人轮流上，通过铁链子把电动卷帘门给拉起来了。

经理肖老大把试衣镜挪到门口，这样的话，只要有几个人试衣服照镜子，从外面看都会显得很有人气。

上午10点左右，来了两对年轻男女，两位男士就在外面抽烟，两位女士进店选购。

年纪大的男士和女士是一对夫妻，年纪比较轻的男女不知是什么关系。年纪比较大的这个姐姐看似比较强势，年轻的这个妹妹比较柔弱顺从。

姐姐的头发染成了黄色，同事细辉撩了一下她的头发，羡慕地问："你这头发染得好漂亮，是在哪里染的？"

姐姐很开心，说："汽车站附近，具体地址记不清楚了。"

店长小樱对姐姐说："你老公很帅气哦。"

姐姐笑了笑，没作声。

随后，小樱和细辉给妹妹推荐了几款，她却摇了摇头："不够喜气。"

聊了一会儿，经过一步一步的了解，小樱推断，这妹妹是不是要结婚了？于是问："你是不是要结婚了？"

姐姐听到后，说："你真厉害！走了这么多店，就你看出她要结婚了！"

小樱笑了笑，说："真的呀！恭喜恭喜！今天我私人送你一条围巾！"

气氛非常融洽，几经试穿，最后妹妹要了1件毛衣、2件双面呢、1条皮裤，姐姐要了1件外套。

姐姐还看中了一件长款毛衣，但是要400多，舍不得买。

埋单时，小樱送给了妹妹1条围巾。

看到妹妹有了围巾，姐姐也想要，她说："也送给我 1 条吧。"

小樱说："围巾是卖的哟，我已经私人送了 1 条给你妹妹了，再送的话，今天我的工资就送完了。"

姐姐说："你再送我 1 条围巾，我下次来买这件长款毛衣。"

小樱说："要不这样好吧，围巾我给你留着，你下次来我再送。"

两人一人一句，没有达成共识。

我对姐姐说："美女，你不知道护手霜可以擦包吧？我帮你擦一下，很亮的。"于是我用护手霜给她擦包。

姐姐就看着我擦包，放弃了围巾的要求。

埋完单后，她们开心地走了。

小樱和细辉说："可惜她们没有买长款毛衣。"

我说："没事的，只要服务好了，下次可能还会回来的。"

果然，没过几分钟，她们又回来了，原来是姐姐建议妹妹再买 1 件棉服。

很快就埋单了，折后 501 元，比刚才那件长款毛衣还贵。

埋单后，小樱送给了姐姐 1 条围巾，姐姐开心得很。

聊天过程中，得知妹妹还要买一双鞋子，于是我带她们到附近的鞋店买鞋子（同一个老板开的店）。

路上，姐姐对我说："只是看看啊。"

我说："没事的。"

到了鞋店，我赶紧小声跟店长高燕和同事红香说，马上给她们擦鞋。

红香来擦鞋时，姐姐连连摇头："不用擦不用擦。"

我说："公司在搞服务比赛，她们每擦一双鞋，有 2 块钱的红包奖励。"

姐姐"哦"了一声，就没再拒绝。

刚好肖老大也在鞋店，于是肖老大立马给姐姐擦鞋，红香则给妹妹擦鞋。店长高燕则帮她们配鞋子："买不买没关系，来了就试一下嘛。"

妹妹试了一款红色的，感觉鞋子很好穿，在试鞋镜面前走来走去的。

姐姐先是不肯试，可是肖老大一直认真地、反复地擦着鞋子，她不好意思，也试了一款黑色的，感觉也不错。

姐姐说："这款鞋子会不会太老气了？"

肖老大说："隔壁男装店的老板娘也是穿的这款鞋子，很有质感，也很流行的！"

姐姐又说："能不能再优惠一点？"

高燕说："我们的鞋子价格定得很实惠哦。"

我说："反正你家也住在附近，以后可以把鞋子拿过来免费护理呀，多好！"

高燕说："是啊是啊。"

最后，她们姐妹一人买了一双。妹妹非要帮姐姐一起埋单，姐姐坚决不同意，最后还是各埋各的单。

我感叹地说："好久没有看见争着埋单的场面了！"

高燕买收完款后，肖老大也终于把姐姐的鞋"擦好"了，这双鞋擦了10来分钟。

事后，我给高燕和红香每人发了一个2元的红包，给女装店小樱和细辉发了一个6连单小红包，红包虽小，但是成交了，我们都很开心。

12. 鞋店淡场连开5单的秘籍

眼看一个上午快过去了，我在店里空守着，压力好大的。

如果商场搞活动，我们家生意就会很好，其他家鞋子不如我们家的好；但是如果商场不搞活动，人流少，我们专柜就没什么人进来。

这可能是我们店铺6年没装修的原因，而其他很多专柜刚装修完，非常吸引客人；也可能是客源档次的原因，其他都是大牌子，例如百丽、他她、宝舒蔓等，我们印心鸟品牌很多顾客不了解。

但我们在商场也干出了名堂，排名数一数二，这是我们一直以来的动力。没有什么是自己做不到的，只要带着这份动力去行动，付出了就会有回报！这样的信念我们一直坚持着！

11：30 分了，其他专柜陆续开单了，我没开，急。

这时，我见到一位美女穿着我们印心鸟的拖鞋走过，带着她女儿。我观察到她女儿想哭，就上前跟她女儿打招呼，关心一下。

我热情的态度感动了美女，她进店了，不过她女儿不开心。

我马上和她女儿聊天，得知她走路时踢到东西了，疼得直叫。我给糖，她也不要，她妈妈也说她不能吃糖。

"没关系。"说着，我倒了杯温水给她女儿，并逗她女儿玩。

她女儿来了一句："谢谢！"

"好有礼貌喔！"我赞小朋友。

她女儿好开心，脚不疼了！

就这样，我哄住了她女儿，然后再倒杯水给美女，和她寒暄、聊天，没有急着聊鞋子，不能让她觉得我叫她买鞋子，这样会吓跑她。

聊着聊着，就聊到她穿的拖鞋。

她说还可以，很舒服。

我一直迎合她，赞美她。

接下来，她开始试鞋，试了几个款，我观察到她不喜欢。

然后我调整方向，介绍了一个好优惠的鞋子给她。

她不好意思拒绝，试了，这次有点喜欢的样子，但是又说鞋头紧。我说可以帮她撑大一点，又告诉她怎样让鞋子软化一点，回家用电吹风的热风吹一下，好简单的。

她说："那我自己回家吹吹，包起来。"就这样成交了。

伙伴们，一定要想办法留住客人，才有机会成交。多点热情，不要给顾客压力，多推几次，客人也会被我们的服务和态度感动。

接着，有个中年女士进来，她应该看到了我服务这位客人，说了一句："这次出来买东西就是比谁家服务好，买的是服务。"

我说："是的。"

这位女士说她平时穿宝舒蔓的鞋子，进来看一下。

我觉得她看一下，我就有机会。于是，我介绍了一对小白鞋，并说：

171

"现在每位女士家里至少有一对小白鞋，这两年卖爆了！"

她说："我家里没有呢。"

我就叫她带一对，还教她小白鞋搭配什么衣服，她说家里面我说的这些衣服都有。

考虑到小白鞋很难打理，我说："你随时拿过来，我们免费帮你保养，你经过我们店时坐下来，我们帮你擦干净。"

她说："还有这个服务呀！"

我说："我们一直都有。"

我边说边把她要的鞋子用小白鞋油擦干净。

她说："好吧，要一双！再帮我擦干净一点，我去付款。"

我说："我保证擦得好漂亮。"

她笑着去埋单。

因为这两位顾客带来了人气，不到 1 个小时，又开了 3 单，总共开了 5 单。

13. 因为说到顾客心里去了，所以她买了2双鞋

今天我接待了一位客人，一开始的时候她试了三双鞋，自己装作拿不定主意，故意问我哪一双好看，哪一双适合她。

通过仔细的观察，我觉得她心里其实已经认准其中一双鞋了，她是在故意考验我，看我说不说实话而已。

这个时候我很肯定地告诉她："小姐，这一双适合你（通过观察她的打扮还有她的气质以及她的语言和表情分析出来的）！"

我还说了这双鞋的卖点："美女，这双鞋的材质是玻璃胶，是今年最流行的元素，上面镶嵌了珍珠，显得更加精致，非常适合你的气质，其他两个款式就比较大众一些，我觉得还是这一双更适合你！"

她一听，马上就回答我："是是是，其实我也是这样认为的，我就是喜

欢这一双。"

这样一来，她马上就对我产生信任了。

紧接着我又介绍了一款不同风格的鞋给她。

因为她对我信任了，再做附加推销也就比较容易了，我说："这双跟那双风格不一样，可以搭配家里不同风格的衣服，也可以在不同的场合去穿，建议你两双鞋都带上。"

她也认同我的说法，说："好吧，这双我也要了。"

意外的是，在埋单的时候她又说："第二双我不要了，还是先要第一双吧，我家里好像还有很多鞋，而且这双鞋好像也没有多少机会能穿。"

我没有放弃，很诚恳地对她说："美女，这双一定要带上！并不是我想推销两双鞋给你，我是觉得这双鞋真的很适合你。你想象一下，这双鞋可以配你的牛仔裤，还可以搭配你的那些正装，非常实用，而且它的跟不是很高，也很舒服，相信你买回去以后，这个鞋一定会经常穿的，最主要的是你穿上去还非常漂亮。相信我吧，我都是给你推荐很适合你的，不想你错过一双能让你变得更美丽的鞋子。特别像你这种品位比较高，对款式的要求又比较高的人很难找到一双自己喜欢的鞋子。"

在服务过程中，我给她倒了好几杯水。

最后她还是高兴地说："那好，都要了吧！"

总结：

通过这个案例我学到了：

（1）客人在试穿的时候，我们一定要认真地聆听、观察她喜欢的是什么，然后认同她的观点，在得到她的信任以后，我们再做附加推销就比较容易了。

（2）客人不想买第二双对鞋的时候，我们没有轻易放弃，一直坚持叫她带上，多说一点点，多服务一点点，多坚持一下子，附加推销就成功了！

14. 用心待客是种善因，销售成交是得善果

下午 4 点 20 分左右，我到芮瑞女装店巡店，店里姐妹 3 人正在选衣服。

经了解，她们是一家人，今天特地为大姐买衣服。

大姐 40 多岁样子，身高约 150 厘米，体形较为瘦弱，店里没有适合她穿的尺码。

大姐的弟媳妇却选了一件外套，390 元。

埋单后，大家还在闲聊，妹妹有点不甘心，指着一件白色貂绒外套问我："能给厂家说说，给她调件小的过来吗？"

我说："这些都是限量版，卖完就没了呢。"

说着，我跟美英示意："给这三姐妹擦擦皮鞋呗。"

美英赶紧去拿擦鞋的工具，大姐说："不用了，不用了，坐一下就好。"

我说："大姐，没事的，反正现在也没有什么事，而且她们有擦鞋任务的，擦鞋后还有红包奖励的。"

大姐就一直笑着。

美英很快就帮她们几个擦好了鞋。

大姐感激地说："擦一下跟新的一样呢。"

擦完鞋，她们起身出门，我对大姐说："隔壁店有适合你的衣服呢，板型比较小，而且价格比这边更实惠。"

于是，就把她们带到隔了两个门面的函素女装店（同一个老板开的）。

来到函素女装店后，我简单说了一下情况，同事细辉很快就帮大姐找到了一件黑色的外套。

店长小樱倒了 3 杯温开水过来，弟媳妇接过杯子，感慨地说："你们的服务真好！上次我们在前面的一个店里买衣服，我说'大姐，你穿这件不好

看'，那老板立马就说我'你没钱，自己买不起，就不要说别人！'态度真差劲，我觉得不好看就直说而已嘛！"

大姐也回应道："是呀，我弟媳妇是实话实说。"

我附和道："这样子做生意是不行的，试穿了也不一定要买的。"

说话之间，大姐已经试穿好，大小合适，姐妹3人都很满意。

我对妹妹说："你大姐身材比较娇小，不好买衣服，碰到合身的衣服很难的。"

妹妹点了点头，说："嗯，是的。"

妹妹看大姐和弟媳妇都选到了合适的衣服，自己也开始选了起来。

我对妹妹说："你身上这件黑色羽绒服挺合身的。"

妹妹自豪地说："我这是定做的，穿了几年，从来没有跑过绒！"

我仔细看了一下，用手捏了一下袖子，说："是不错哦，绒很均匀，这件衣服在专卖店至少卖1599元。"

妹妹开心地说："没有呢，定做只花了700块钱，我们家一共定做了8件。"

我说："光泽县没有听说过有定做羽绒服的呀。"

妹妹说："以前在浙江义乌打工时定做的。"

我说："哦，难怪呢。"

我们愉快地闲聊着。

小樱给妹妹选了一件白色貂绒的短外套，穿在身上刚好。

弟媳妇说："显得很有活力。"

我赶紧用手机拍了妹妹的背影，选了一张拍得好看的给妹妹看，她赶紧凑过来看自己的照片。

我说："你看，多有活力，显得多么干练、青春！至少年轻了5岁！"

弟媳妇就说："你们卖衣服的嘴巴真会说，能把不好看的说成好看的。"

我说："那我可要看人的哦，如果不好看，即使买回去了，别人一说，她就会埋怨我们的哦。我们这个服装店要开好几年的呢。"

弟媳妇笑嘻嘻地说："也是。"

很快，妹妹选了3件。

埋单时，妹妹对小樱说："可要优惠一点哦。"

小樱说："你放心，是老师带你们过来的，我们直接给你 VIP 的折扣！"

我笑着说："刚才你们买衣服的那家店和这家都是一个老板开的，因为你刚才在隔壁店有买衣服，这才给你优惠的呢。"

后面妹妹埋了单，一共是 4 件，989 元。

她们出门时，我送给妹妹一只护手霜（聊天时得知妹妹是开餐馆的），说："你是做餐饮的，经常要洗手，以后洗完手后擦一点护手霜，保护好你的手，手是女人的第二张脸。"

妹妹很开心地接过护手霜。

细辉笑着说："老师，你以后要多带顾客过来哟。"

后面我来到芮瑞女装店，跟店长婷婷说："刚才这 3 位顾客，成交后，我们给她们擦皮鞋，她们心情很好，为去函素店买衣服打下了一定的感情基础。"

婷婷点了点头。

我想，顾客埋单后，再多给一点服务、或者送点小礼品给顾客，就会超出顾客的期望值，回头客一定会越来越多。

15. 回头客是如何来的

我还在城市广场 5 店上班的时候，一位美女带着一个 14 岁左右的小女孩（她女儿），还有小女孩的姨奶奶进店。

美女身高 1.65 米左右，直直的披肩长发，圆润且白白的脸，笑起来很好看。

小女孩更高一些，一米六八的样子。

我说："真羡慕这样的高个子，你给孩子吃的什么呢？除了遗传，吃的应该也有一些讲究吧？"

"多喝牛奶。"美女说，"你知道日本人为什么叫倭寇吗？因为他们长得矮。现在不一样了，他们那边牛奶免费喝，可以长个子的。"

我点了点头："哦，原来这样。"

姨奶奶说："不只是个子高，成绩还好呢，英语一直全校第一，全省也有名次！"

美女妈妈开心地说："是的。"

她们的目的很明确，是来买鞋子的，因为过几天姨奶奶要去喝喜酒。

试过几款后，姨奶奶对其中的一款比较满意，很快就埋单了！

美女也试好了两款，但有点犹豫："我的鞋子再想想。"

这时姨奶奶要求送东西，例如送双袜子。

于是我把今天给女儿买的零食分了一半给小女孩。

"姨妈，不要了，这些零食比袜子贵多了。"美女又对我说，"谢谢你，留个微信吧，如果我需要鞋子，就微你。"

我笑着说："很开心，也很幸运，今天交了一个朋友。"

到了下午两点，美女微我，她说："一会儿来拿那两双鞋子，现在在做头发。"说完，把钱转给了我！

我说："没事的，一会儿给你送过去。"

美女的头发一直做到晚上，时不时地发一张图片给我看。

她问我："漂亮吗？"

我回应："当然漂亮啦！皮肤白，做个颜色蛮好看的。你把地址发过来，我把鞋子送到你家里去吧！"

晚上，我把鞋子送到美女家楼下，她正在等我，还带着她女儿。

我帮美女提着一大袋水果，提着我们的鞋子，跟在美女后面，边爬楼梯边逗着小女孩，小女孩咿咿呀呀地跟我说着，就这样，开心地把她们送上了四楼。

美女连连说着："谢谢！你真好，以后买鞋子一定找你！"

过了十天左右，美女和她的两个女儿再次来到了我们店。

3岁的小女儿在店里和我疯玩着，我把给女儿买的零食又分了一些给两孩子。

美女说："我发现了一个问题，你喜欢买东西吃。"

我笑着说："是的，我好吃！"

我们零距离地玩着、说着。

最后美女给她大女儿买了一双雪地靴。

大概一星期后，美女带着她的大女儿来了。

她说："经过这里，就进来看看你。"

我说："非常感激你来看我。"

美女一边和我聊天一边试穿着鞋子。

我问："你女儿成绩为什么这么好呢？你平时是怎么做的？"

"还好吧，也没怎么特意管，现在初中也是住校。"她骄傲地说，"要不是成绩好，我还没这么舒心呢！"

女儿则用眼神白了一下她妈妈。

我们开心地聊着。

美女每试一双，都要问一下女儿的意见。

最后在女儿和我的称赞下，买了一双她女儿认可的鞋子。

帮美女打包时，美女打了一个电话，我听到她在找别人借八年级的书，没借全，孩子明天要去学校了！并且学校有点远，离我们这儿有百十公里呢！

我告诉美女："八年级的书我家都有，什么科的书都有，明天早上拿给你。"

第二天早上，拿到书后，母女俩都非常地开心。

几天后我被调到了6店。

前几天，我刚上班，突然接到一个电话："金培，你怎么不在城市广场店了？我要买鞋子。"

我连忙回应："芳，看好了吗？喜欢你就买呀！"

"可是我想找你买。"

我说："都一样的。"

她说："我已经试好了，就要找你买。"

我没有拒绝，告诉了她地址。

一会儿她又微我："太冷了，带着女儿先回家了，下次再去买。"

我说："没关系的，不要冻到了，鞋子可以送到你家的。"

她说："不用了，今天婆婆来了，她看见了会说我乱花钱的！"

前天，一大早，美女就来到了我们店，直直的披肩长发，精致的妆容，穿着一件皮草。

美女说："我来拿那双靴子。"

我说："你真是有一双发现时尚的眼睛！这是一款瘦腿型的靴子，搭长款和短款衣服都可以的。"

美女穿上后效果真不错，她说："我今天有聚会，就穿这双了！我那双就放你们店护理，下次来拿。"

我顺便请她当我们的模特，拍了几张美照。

她说："发给我！我喜欢的东西我的朋友很多都喜欢，我发朋友圈帮你打广告，我的朋友都是有消费实力的。"

我说："非常感谢你，我怎么就这么幸运呢！"

她离开时，我依依不舍地把她送到店门外。

16. 把国外不认识的顾客做成回头客

今年父亲节快到的时候，我在微信群发了一句"父亲节快到了，是你献爱心的时候了，你父亲的衣服，你选好了吗"？

然后就有一个人（在一个微信群里加的微信）回了我，他问："你是卖衣服的？"

我说："是的。"

他问："什么品牌？"

我说："GXG。"

他说："我也有穿 GXG 的衣服。"

我说："这么巧！以后你买衣服找我。"

他说："我人在国外。"

我说："没事，有什么需要你尽管说，再说你总会回来的。"

他说："一年才回去一次。"

我说："没事，回周后来我们店里泡茶。"

他说："好，你看你店里有没有适合我爸穿的衣服。"

我问："你爸多大年龄，身高和体重多少？我来搭配几套，拍照发给你，你来选。"

他说："好。"

于是我搭配了三套，他选了前面两套。

他说："我在国外，没人过来拿怎么办？"

我说："放心，你这么有爱心，其他的交给我，你只需把地址、收件人和电话发给我，我给你寄过去。"

他说："好，总共多少钱？"

我帮他算了一下，一共是一千两百多。

他说："我的充值卡里还有两千块。"

我一查，真的还有两千块钱，帮他埋完单充值卡里还有七百多，我把余额信息也告诉他了，然后跟他说："刚好父亲节在做活动，现在也是雨季，我们送你一把雨伞，我把伞和衣服一起寄过去给你父亲。"

他说："那谢谢了。"

第二天他父亲收到衣服了，就马上打电话告诉他儿子了，说还有一把雨伞。

随后，他发信息给我说他爸收到了，很喜欢。

我说："老人家开心才是最重要的，这也是我们每个做子女的心愿！"

又过了一个多月的时间，他问我："有没有好看点儿的 T 恤？"

我问："是你自己穿还是送人？"

他说："买了送人。"

我同样也问了他朋友的年龄和身高体重。

他说："和我差不多。"然后他把朋友的照片发给我。

我把选好的衣服穿在模特身上，拍了照发给他，一共拍了四件。

他说："一件就好。"

我告诉他："现在有活动，买二送一，买两套比较划算。"

他说："好，你随便帮我再拿一件，寄到厦门。"

我答应了。

他问："多少钱？"

我说："你充值卡里还有 700 多块钱，但是还差 39 元。"

他马上就发 39 元微信红包给我了。

因为他在国外，如果充值卡里没钱他就不会想到我们，如果他充了值，卡里有钱的话，不管多少，他都会想到，回国了他就会来，于是我让他充值。

我没有让他充太多，就让他充了一千块，毕竟我们也都不认识对方，也怕他以为我是骗人的。

他说："我今天微信已经到限！就不充了，下次再说。"

不知道他说的是真是假，我有点不死心，说："好的，其实充值比较划算呢，现在充值的话，可以享受一些优惠，例如……"

后面他就没说话了，我心想他是不是反感了？我想，他要是三天之内不回信息给我，我就找个话题跟他聊聊，看他是怎么想的。

可是不可思议的事情发生了，第二天早上，我刚起床他就给我转了一千块钱！我上班后马上就给他充值了，并把充值的图片也发给了他，这样也能多一点信任！

他给我发来几个愉快的表情符号。

17. 有一个顾客可以救场

当时，我来 GXG 上班才一个多月的时间。

店铺做活动，安排我打电话。

打到 12 点多时，拨通了一个电话："喂，我是仙游 GXG 男装店的，你是×××先生吗？我们店现在在做活动……"具体是什么活动我现在已经忘记了。

他说："现在忙，没空过去。"

我就跟他寒暄起来，问："你吃饭了吗？"

他说："还没有，你又不请我。"

我说："你过来，我请你。"

他说："真的假的？"

我说："吃顿饭小意思。"

开交接会的时候，同事们还笑话我，说："康丽，每个顾客你都请他吃饭，到时候来找你请客吃饭的人能从我们店门口排队排到莆田，看你怎么请！"

我说："那还不好，有那么多男人排队等我请客吃饭！我就不信他们能真的让我请，他好意思吗？请客吃饭是可以，但前提是要先买衣服啊！再说了，如果真这样，那我不就成了一个活广告了！"

打电话时，他就说要加我微信，我让他加了店铺的微信，然后在微信里又断断续续聊了一个下午，后来我下班了。

到晚上他真的来店里了，还请了店里其他同事一起去吃烤鱼。

他一直不知道是谁和他聊天的，另一个同事开玩笑说是她和他聊的，他也信了。

后面他经常来店里买衣服、泡茶，我也从来没有说破这事，直到有一天晚上，店里没什么人，觉得无聊，就叫他过来泡茶。我泡茶给他喝，陪他聊天，这才知道他是浙江的，在仙游做红木家具生意。

这次，他主动加了我的私人微信。

后面，他经常带一些零食或者是其他地方的土特产给我们吃，我从来都没有叫他过来买衣服。

直到今年夏天，有一天下大雨，没有顾客。到晚上，我急了，就发信息给他。

那个时候已经快到晚上 10 点了，我说："要过来喝茶吗？"

他问："你这么晚了还没下班？"

我就直接告诉他说："今天还没开单！"

虽然他经常来我们店里，但是他更喜欢隔壁雷迪波尔店（我们公司的另一个品牌店）的衣服，他说："你们家的衣服我又看不上，买袜子算不算开单？"

我说："只要有买就算。"

然后他就没说话了，过了差不多 20 多分钟的时间，他来到店里，说："把你们好看的袜子给我拿几双看看。"

我说："好。"拿了八双给他看，他选了两双，问："还有没有？"

我就叫同事去隔壁雷迪波尔店拿了几双，然后他又选了两双，一共买了四双。

埋单后，他告诉我说家里还有三十几双没穿。

我很感动，下这么大雨，一般人是不愿意出门的，更别说来帮一个无关紧要的人，他是帮我开单才买的这四双袜子！我非常感激他，因为他并不需要那几双袜子。

到现在我们还有联系，前几天早上还互相问好，他说最近很忙。

18. 挑战人性极限，终于成交3连单

今天一直下雨，下午 3:37 分，雪娇紧急求助："呼叫老师、呼叫老师！赶紧来我们 2189 店，有事！"

"把你那个国产的护手霜带两只过来！"

"赶紧赶紧！客人在这里等哟！快点啊！"

群众的呼叫就是命令！不到 3 分钟，我火急火燎地赶到现场。

一进店，看到两位帅哥、两位美女正在收银台纠结呢。

经向雪娇了解，事情是这样的。

下午 2:30 分左右，这 4 位顾客进店买衣服，雪娇和丽珍马上端茶倒水服务。

两位女士反复试穿，半小时后，高个子女士选中了一件刚出样在橱窗模特身上的长款羽绒服和一件白色打底毛衣，娇小女士则选中了一件短款的白色羽绒服。

两位男士也连连称赞。

雪娇总算松了口气，心想："辛苦了这么久，总算有回报了。"

但是高个子女士问了价格后，说："哦，太贵了，今天没带钱，钱不够。"

丽珍说："现在谁还带钱，都在卡里面。"

"卡里面也没有钱。"高个子女士说，"我们再出去转一转。"

说完，她们就出门了。

其中一位帅哥对雪娇说："你把衣服熨烫一下吧，说不定待会儿还来买呢。"

雪娇说："好的。"

眼看就要成交的一单，说没就没了，大家心里说不出来的滋味。

雪娇跟丽珍说："如果他们再回来，又纠结于价格的话，我就呼叫老师，叫他带点礼品过来。"

丽珍点了点头，说："好，就这么干！"

果不其然，过了约半小时，他们又回来了，并且坚持说价格太贵了。

雪娇笑着说："今天下雨，没什么顾客，特别想做您这单生意，所以已经打了 VIP 折扣了，而且您二位穿这几件衣服确实很漂亮，但我们是正规的品牌店，价格是全国统一的，不能改的呢。"

高个子女士就说："那这样，你送帽子和围巾给我。"

"我也想送呀，可这是店里要卖的，如果送给你，就得我自己买哟，我这两天的工资都不够买呢。"雪娇说，"要不这样，我叫老师过来，让他给你们送点东西吧。"

于是，就出现了文章开头的那一幕紧急呼叫。

我立马拿出 2 只护手霜送给女士。

娇小的女士说："护手霜有什么用？"

我说："手是女人的第二张脸，一定要经常擦护手霜，把手保护好。"

丽珍见状，拿出 1 只护手霜，挤到她的手上，帮她擦。

丽珍说："你闻闻看，好香。"

娇小的女士说："2 只怎么够？至少要送 3 只！"

雪娇赶紧说："老师很少送东西给顾客的呢。"

娇小的女士说："那也得多送 1 只呀。"

磨了半天，我妥协了，就从包里面又找到 1 只送给她。

她又反悔了，说："不对呀，我们这里有 4 个人，送 3 只怎么够？要好事成双，送 4 只。"

雪娇又从抽屉里拿出 1 只，说："好吧，4 只就 4 只，这只是老师送给我们用的，就送给你了。"

这时候，令人意想不到的事情发生了。

娇小的女士又反悔了，说："你得送我们 6 只，六六大顺。"

这时，高个子的女士走过来，说了一句更雷人的话："我们是 4 个人，你要每个人送 4 只！"

我们几个全都蒙了！

我说："一共只有 4 只了，真没有了。"

她们二话不说，直接走了。

我赶紧追到门口，对她们说："你穿着这几件衣服真的很好看，待会儿没有合适的再来呀。"

说完，我赶紧安慰雪娇和丽珍："我们尽力了就行。"

然后，我就在门口等着。

过了七八分钟，他们又从左边走过来了，我赶紧跟娇小的女士说："真的只有 4 只护手霜了，算我欠你们 2 只行吗？"（她刚才说要 6 只）

娇小的女士看了看我，说："我们又不是这边的人，那 2 只你怎么给？"说完就走了。

我对雪娇和丽珍说："我们还有一线希望，所以刚才再给她们打招呼。如果不打招呼的话，她们可能碍于面子，就真的不进来了。"

果不其然，又过了约 5 分钟，他们回来了，这次只有娇小的女士和一位帅哥进店。

娇小的女士对我说："你要送我 6 只，我就买了。"

我说："美女，真没有了，要不我给你发 6.66 元的红包吧？"

她笑着说："那好吧。"

然后她们埋单了，3 件 1203 元！

她们提着购物袋，开心地走了，渐渐消失在 217 路的雨雾中。

19. 顾客已远去，店长追回来成交3467元

下午 5 点左右，我一到芮瑞服装店里，小凤就说："老师啊，你刚才怎么不来？有两位顾客很想买，但是嫌价格贵了，走了，去了隔壁函素店！"

函素女装店也是这个老板开的，我赶紧去看看。

她们两个，一个是婶婶，一个是侄女，正在店里看衣服呢，似乎不是很满意这种风格。

我跟她们打了个招呼，看着她们试衣服。

不久，她们放弃试穿了，出了门，向外面走去。

等她们走出约 5 米远时，芮瑞服装店的店长婷婷追了过去，一上去就挽住婶婶的手臂，说："刚才那套衣服真的很适合你，错过就可惜了！"

我走上前说："难得出来逛一次街，别这么着急走嘛，再进去看看吧。"

婷婷指着我，对她说："这是我们的老师，看他能不能送你一点东西。"

说着说着，婷婷就把她们再次请进了店里。

原来是婶婶看中了一件双面呢、一件打底毛衣、一条裤子，合计 2250元，嫌贵。

我从包里拿出一瓶无比滴递给她，说："这是我前段时间从香港带来的，针对小孩子皮肤湿疹、荨麻疹、蚊虫叮咬这些，效果特别好。"

她眼睛一亮，立即把无比滴拿过去仔细看，然后兴奋地对她侄女说："这个无比滴是好东西，不仅小孩，大人也能用的！我妹妹就从香港给我带了一瓶，真的好用！"

她侄女对我说："这么好用，给我也送一瓶呗。"

我说："美女，不是我不想送，只有这一瓶了呢。"

她转向婷婷，说："再优惠 200 元吧！为了这瓶无比滴，我买了。"

婷婷笑着说："我跟老板娘再打个电话，叫她过来，你直接跟她说吧。"

于是，婷婷给老板娘打电话说这个事。

我对她说："看你这气场，不像是普通人。"

她笑着说："哪里，我是家里带小孩的。"

"不信！绝对不信！"我的头摇得像拨浪鼓一样，"你身材这么好，像在练瑜伽一样；你的形象气质这么干练，像老板！"

她还是笑，就说自己是家里带小孩的。

这时，婷婷打完电话，告诉她："老板娘来不了，她说了，折扣已经最低了，实在不能再低了，电脑里面必须要这个价钱！但是，我真心想做你这个生意，这样吧，我再送你一条围巾。"

她笑着说："再优惠一点嘛。"

我对她说："我们的价格是很稳定的，不会说你今天85折买的，过几天又7折6折的，这样的话，你心里很不平衡。这个利润是很低的，她们的提成只有2%，你这一单她们才40多元的提成。"

她一个劲儿地笑。

小凤问："是付现金还是刷卡？"

这样一来，她默认了，说："现金吧。"

婷婷说："这里有件刚到的新款双面呢，挺适合你侄女的，过来试试看吧。"

于是，她侄女开始试双面呢。

试了4件，我们都说第一件适合她，她就默认了。

后面婷婷又选了一件黑色的打底毛衣，因是均码，所以没有试穿。

我对婷婷说："也要送给侄女一条围巾才好呢。"

侄女说："就是就是。"

于是众人又帮侄女选围巾。

婷婷从仓库里面拿出几条围巾，说："你们消费金额比较大，所以我从仓库里拿几条更高档的围巾给你们挑选。"

婶婶特别高兴，两人各选了一条围巾。

最后，愉快地埋单了，各埋各的单。婶婶是3件2250元，侄女是2件1217元，合计3467元。

埋完单后，婶婶很开心，我们照了一张合影。

然后，我随她们一起出门，目送着她们开心地离去。

20. 要离店的顾客成交了一个2连单

下午我来到广州的门店巡店。

有两位美女进到店铺，我们的两位小伙伴第一时间跟了过去，一个倒水，一个推荐了几款凉鞋。

美女试了好几对，最后还是比较纠结，也不敢尝试比较高跟的鞋，于是穿好自己的鞋子准备走人。

我在旁边有留意到客人担心什么问题，这个时候赶紧跟了过去，第一时间对客人说了一句："美女，已经正式进入夏季了，凉鞋是肯定要带一对的了。"

客人主要纠结鞋子的高度适不适应的问题，其次纠结到底是要34码还是35码。

高度问题，我建议客人一整对穿上走两圈；码数问题我直接对美女说你穿上我帮你看看。

客人穿上34码后，我直接对美女说："美女，35码你不用试了。"

美女问："为什么呀？"

我直接拿了一只35码的鞋让她穿上，对比美感，很明显35码后跟位很空，解决了美女纠结码数的问题。

然后跟美女说："我教你一个穿高跟鞋的诀窍。"

美女问："是什么？"

我说："新的高跟鞋买回去第一次穿的时间不要太长，穿完休息两天再拿出来穿，脚感就出来了。你们很多人第一次穿高跟鞋就把自己穿得很痛苦，以后都不敢再穿了，鞋子也浪费了。"

客人很认同，说："好吧，就要这一对。"

准备刷卡的时候我们给美女推了一个包包，小伙伴介绍完之后美女也喜欢，但还是有点纠结价钱。

我们总共说了五次："美女带了吧！"

第五次的时候美女说："你又不给我优惠点儿。"

这个时候我爽快地答应妹子，包包按会员价给你吧！少了九块。

客人说："也没少多少呀！"但已经把手机拿出来扫码刷卡了，就这样准备离去的客人在我们的坚持下完成了一个2连单！

总结：

第一，用强硬的态度告诉她凉鞋是必需品。

第二，解决她担心的问题。通过对比解决了她关于尺码的纠结；并道出了她曾经买了高跟鞋的困惑，然后告诉她诀窍。

第三，用很坚决的语气告诉她我有做10年鞋的经验，你应该相信我。

第四，连带销售我们坚持了，顺带给点儿小优惠让她内心没有负罪感（很多人在消费的时候会内疚自己今天怎么又花了那么多钱），最后开开心心地离去。

21. 即将跑掉的单如何重新挽回，并促成万元大单

本案例发生在福建福清龙田七匹狼店。

当时我的手上有顾客，这时进来一对母子，是一名同事接待的。

这对母子想看西服，可是同事介绍的估计都不是很满意，而我在接自己手上的顾客时也时刻关注着他们，时不时地也会过去和他们寒暄一下。

正当我手上的顾客快成交时，发现他们打算离开，已经走到门口了。于是我赶紧把手上的顾客交接给这名同事，让她帮我埋单，而我去挽回这对顾客。

我急忙走到门口笑着问："怎么了，没有找到满意的吗？"

顾客说："是的，好像都不怎么好看，要不就等下次再来看。"

我就跟他们说："既然来了，就多坐一会儿呗。有一款刚到的西服版型非常好，你们刚才没有试穿，可以看看。"

因为我的语气很肯定，所以他们不自觉地跟着我进来了。

我请同事帮忙倒了咖啡给他们喝。在聊天过程中得知，原来是哥哥要结婚了，哥哥跟爸爸都不在家，妈妈和弟弟来帮哥哥买西服的。

他们喝咖啡时，我去提了一款西服过来。

在我的介绍下，他们很满意。因为我是店长，而且介绍得又非常肯定，所以他们都很信任我。很快，由弟弟代为试穿，选好了哥哥的西服。

然后我又及时地介绍了满 3777 元送什么礼物、满 5777 元送什么礼物的活动，当我把礼物拿给他们看时，再告知活动的时间就这几天，让他们感觉现在买非常划算。

我边说边把目标转向弟弟，就说哥哥结婚弟弟也是要买一套新西服的，弟弟听了也很开心，出于对西服的好奇他也试穿并要了一套。

接下来，我又锁定爸爸。

我跟阿姨说："当下家族既有喜事又是年底，大家肯定都需要新衣服，帮叔叔也带一套吧，现在款式号码是最齐的时候。"

阿姨听了也觉得有道理，毕竟一起买又能拿到想要的礼品！

于是我在阿姨的手机里看了看叔叔的照片，里里外外搭了一整套，包括鞋子。

因为人毕竟没过来试穿，所以阿姨还是有点疑虑尺码问题，我告诉阿姨："别人都是一周内可以换大小码，对于你我就破一次例，号码不合适的话，叔叔出差回来后，随时都可以拿过来换！"

就这样，阿姨的疑虑也打消了，所以父子三人一人一套，一共成交了一万多！弟弟也拿到了赠送的礼品。

当年底叔叔回来时，他们又过来买其他衣服，叔叔还告诉我："我帮他拿的衣服都可以穿！"

其实，有的时候我们要反省为什么无法促成成交，难道都是顾客和货品的问题吗？如果这个顾客当时走了，那导购的结论可能就是"自己都怎么样怎么样尽力了，但是顾客都不喜欢店里的货品"！但是，我们有没有跟顾客非销，了解顾客购物的需求？有没有想想自身的搭配和专业水平？

22. 兰花心跳记：1个小时内开了3000元大单

12月19日晚上，店长兰花和同事亚珂上晚班。

接班没多久，就来了一位姐姐看特价衣服。

几乎同一时间又来了一批客人：孕妇美女和妈妈，还有两个女同伴。

亚珂接待那位看特价的姐姐，兰花看着孕妇美女这批客人。

孕妇美女看上了一件粉色羽绒服，兰花建议她去试穿，她试穿后很喜欢。

兰花和亚珂有点手忙脚乱的，没过几分钟又来了一对小情侣。

孕妇美女试穿的是一件高价位的粉色羽绒服，这对小情侣试穿的也是一件高价位的白色羽绒服。

试穿就意味着可能成交！兰花的小心脏好紧张、好激动啊！

在这手忙脚乱的时候，最怕的就是跑单！

看特价的这位姐姐试穿了几件后，终于买了一件特价外套回去。

兰花心想："终于可以一对一地应付了。"

孕妇美女问兰花："我身上穿的是什么号码？"

兰花说："M号。"

她问："没有S号吗？"

兰花说："你稍等一下，我查查库存。"

结果另一家店有一件S号的。

兰花迅速地跑到另一家店，拿着那件S号的过来给她试穿。

她说："小号的就可以，不用试了。"

小情侣那边的美女试穿的那件白色羽绒服效果不错，但是嫌贵，在门口跟亚珂还价。

兰花上气不接下气地来到门口，帮忙去挽留这对小情侣，遗憾的是没有留住，还是走了。

其实那美女心里是很喜欢的，就是嫌贵，她说："还要去其他店铺逛逛，要是没有喜欢的话再回来拿。"

兰花热情地对他们说了一句："那我在店里面等着你们哦！"

他们说："好。"

里面的孕妇美女也非常喜欢这件粉色羽绒服，但是想还价。

兰花热情地对她们说："不好意思，我们是全国统一零售价，已经直接打88折了，没有讲价的，要是能讲价的话，刚刚那美女的白色羽绒服，我们就可以给她打低一点折扣啦。"

接下来自然是一番言来语往，兰花和亚珂好话都说尽了，孕妇美女还是想走。差点走出门口了，兰花对她说了一句："美女，我们也很想做你的生意，可是真的没有办法给你还价，我们是品牌店，讲的是诚信，我可以私人送你一张其他店铺买鞋子的优惠卡。"

她想了想，还是接过买鞋的优惠卡，埋单了。

没过几分钟，又来了一对夫妻。

妻子看中了一件粉色的羽绒服，其他的衣服先后拿给她试穿，她都不喜欢，就喜欢那件粉色羽绒服，也是嫌贵，要去别的店看看，走了。

兰花拿着一件衣服去缝纫店修补的路上看到了那对夫妻，他们在另一家高端的店里试衣服。兰花从缝纫店修补好回来的路上，他们也从店里出来了。

兰花走到他们跟前，对那个美女说："你穿那款粉色羽绒服好看又有气质。"说着，就挽着她的手一起回到了店铺。

她到了店铺，笑着对亚珂说："被这位美女拉进来了。"

兰花心里美滋滋的。

美女又试了一遍，终于下定决心买啦！

又是一个大单啊，兰花小心脏开心得受不了了！

这时兰花的心还在紧张着，心里面一直想刚才那对小情侣，他们一定会回来拿的！

后来兰花去了一趟洗手间，几分钟的时间，回来就看到了那对小情侣在店门口，那个美女正在接电话。

兰花和亚珂都在门口等啊，等啊，生怕他们跑掉了。

兰花叫亚珂先进店，不要两个人都在门口，怕她害怕，不敢进来。

等了好一段时间，美女的电话终于接完了，兰花赶紧上前说："美女，你穿那款衣服非常有气质，上档次，而且又保暖。"说着，兰花用迎宾的姿势，双手把他俩引到了店铺。

看他的老公有点感冒，兰花迅速地倒了一杯热开水递给她老公。

她老公说："谢谢。"

一开始美女还是嫌贵，不舍得，说："家里在装修，要节省一点，价位还能不能少点？"

兰花没有答应降价，苦口婆心地说了一大堆好话，美女还是要走。

走到门口时，兰花对她说："要不，你试一下另外一件粉色的羽绒服，价位会低一点。"

接着美女拿去试穿啦，在试的同时，兰花叫亚珂把那件白色的羽绒服拿在手上，等一会儿让她再试一次。

美女换下粉色羽绒服，试穿白色羽绒服后，兰花站在美女的身旁对她说："还是白色的好看，毛领也有特色，是拼接色的毛领，今年最流行的款式。"

美女对兰花说："家里装修，现在不敢买贵的衣服，买两三百块钱的就可以了。"

兰花对她说："美女，你老公还是能让你穿得起的，不用担心。"说完，看着她老公，笑着说："是吧？"

她老公笑而不语。

亚珂赶紧问她老公："是刷卡还是现金？"

她老公说："支付宝可以吗？"

亚珂说："可以。"

就这样，顺顺利利，一个小时内，做了3000的单。

23. 在顾客的朋友圈互动，竟然卖了1件外套

那是 5 月下旬的一天，外面下着小雨，虽然已经入夏，雨天的微风还是让人感觉凉飕飕的。

时间过得好快呀，眼看就快傍晚了，一个顾客都没进店，这个焦心啊！

得想个点子才行。

于是，我跟搭班姐妹雪玲在店铺手机的顾客朋友圈翻翻看，见一顾客一分钟前发了说说。

我立马在他的朋友圈说说下面写评论，跟他聊了起来，他也很快回应。

他问："你们店里那件红色外套还有吗？"

"有啊，要不你今天先来试穿一下？"

"试穿可以，能不能先把外套的钱付了，衣服暂且存放在你们店内？怕拿回来没地方放。"

"肯定行的啦。"

微信就聊到此。

之后想想，还是决定给他打个电话再探究探究。电话通了，大致就跟此前微信聊天里说的一样，他会晚上来买衣服，暂且放店铺。

"行，等你来，我们商场晚上 9 点下班，你要来得晚，我们就得在商场守一夜了哦。"

通话就此结束，我跟雪玲互对着犯傻一样哈哈哈大笑起来：夏天买外套，难不成夏天还买羽绒服嘞？

时间就这样悄无声息地流逝，外面还在下着碎碎雨点，又到晚饭点了。

离下班只剩 2 小时了，他还没有来，我赶紧微信互动："晚上好，在来的路上了吗？"

这次他没回复我，唉！

大约过了半小时，他晚上 7：30 左右真来到了店铺！

他目标明确地问外套，我们连忙取下他要的那款。

闲聊中，得知他来自重庆，在这边经营一家馒头店，离我们店铺不远，此前已经来我们店铺好几回了，相中这款外套也多时了，就因为价格的问题一直在纠结。

雪玲的老家也是重庆的，跟他是老乡，他们于是用家乡话聊了几句。

跟雪玲互加微信后，他也欢快地埋单了，并提着购物袋，在幽默的笑声中走出了店铺。

"谢谢你！"我在心里默默地说。

我用暖心的眼神目送着他的背影，谢谢这位小哥信守承诺，终于让我们开单了。聊天时，我给他起了一个绰号"馒头小哥"，"馒头小哥"的绰号深深地烙在我的记忆中。

24. 一名店员的业绩保卫战

十一月已经结束了。

在这个月里，前半个月天气还真是晴朗，业绩也很稳，后半个月明显下滑。

这个月接近尾声的时候，华尔车店的姐妹们都心急不已，离我们的目标越来越远，业绩也越来越不好，后半个月真的都是雨季，街上行人购买衣服的好少，进店率也一直很低。

只剩最后四五天冲刺业绩了！真是就要到一个月了！

最后四五天我就开始在朋友圈晒了，说："谁要买男装的，可以到华尔车店看看有没有喜欢的衣服，可以微我呢！谢谢！"

当晚，哥哥的孩子，也就是我的侄儿看到了，可能也是要买给我哥哥穿吧，他微我："小姑，看有没有我爸爸穿的衣服，帮忙选一件。"

我说："不懂你爸爸喜欢什么款呢！"

他说："没事的小姑，你选就好呢，我发微信红包给你。"

就这样，我哥哥的孩子发微信红包给我了。

当时可高兴了，因为可以有一点业绩准备着，如果目标完不成，可以拿出来冲业绩！当时就选好了衣服，但是没有埋单，我心想："真到月底最后一天需要冲业绩再埋单吧！"

只有三天时间了，天还是下雨，街上行人也少，我和我搭档都很心急。

我和其他华尔车的姐妹们各自开始在朋友圈发信息说："谁来华尔车买衣服，就私发红包6.66元给买衣服的呢，谢谢了！"

除此之外，我们也私下问一些朋友："有谁要买男装，可以介绍哟！"

朋友们陆续说："没有呢！"

有点失落呢！因男性买衣服真的比较少呢！

终于到了11月30号，最后一天，业绩还差两千四百多才达标呢！

华尔车的姐妹们这一天都很心急，因只有最后一天时间冲刺了！

早上我也问了老师（作者注：本人在当地驻店辅导）："还差两千四百多怎么冲刺呀？"

老师说："只有靠熟人了！"

我一天都在想："有没有熟人帮我们冲业绩的呢？"

上午卖了快一千块，晚上还要卖一千多才能完成任务呢！

晚上上班时心一直是急的呢！店里没有顾客时，就一直盯着街上，看有没有熟人可以埋单。

在老师的鼓励下，我也在朋友圈和一个微信群发信息说："现在业绩还差一千多，有没有奇迹出现呢？如果这个奇迹出现，就可以完成这个月的目标了！"

因太难冲刺了才这么暗暗想呢！

也希望天气可以好点不要下雨了，希望可以达标，希望有奇迹出现！

离结束营业的时间越来越近，我在焦急等待！

这时，门口走来一位年轻帅哥，一边看着手机一边辨认我们店的招牌。

我就在门口喊："可以进来看看呢！"

帅哥就进来了，一直微笑着，我也微笑着。

我问："你要买怎样的衣服？"

帅哥走进店看了一圈，又走到打折区看了一下，最后走到夹克区停下脚步，指着一件衣服问道："我穿好看吗？"

我就真诚热情地说："那衣服很好看又暖和呢，面料也非常好的。"

帅哥一直看着我微笑，我突然想："是不是他在微信群看到了我发的信息？"

因他一直对我微笑着，我就猜测着问了："你是不是哪个微信群的呀？"

他没说话，还是微笑着。

我又问："是不是呀？"

他才告诉我："是呢！"

虽在同一个微信群里，但这朋友真不认识呢！

因这几天冲业绩，我就故意放了个清晰的头像在微信上，可以让群友认出我，我是这么想的。

后面，帅哥承认说："是在微信群看到了你晒的信息。"

我可开心了，就问："你是哪个群里的呀？"说着，我就从口袋拿出手机打开给他看。

他说："群太多了，我也不知道哪个。"

我指着一个群，问："是这个吗？"

他说："应该是吧。"

我心里非常感谢他，也一直说："谢谢你来买衣服，帮我完成任务！"

接下来，我很开心地拿衣服给这位朋友试穿。

他试了几件，问："这衣服怎么卖呢？"

我说："很实惠的，你先试，我会给你优惠的。"

他试了几件，并选中了一件，准备埋单。

因业绩差得比较多，我又亲切地问："还要买裤子配套吧？"

他说："好吧。"

于是，我又给他选裤子了，我的搭档也一同帮忙选呢。

选好后，他就埋单了。

"真开心，你来买衣服，帮我完成任务！"我可开心了，对那朋友说，"你是哪个网名？下班我私发 6.66 元红包给你！"

他没告诉我网名，笑笑说："不要了。"

我送他出门时，真诚地说："谢谢你！"

他笑了笑，走了。

虽然这朋友埋单了，但我们业绩还差好几百，完不成不甘心啊！

我在门口看路过的行人有没有可能买衣服的，外面却在下着毛毛小雨，街上行人很少。

就这么看着、等着，时间一点一点地流逝，就快结束营业了！

忽然，我发现给我们店安装灯具的师傅骑着电动车从门口经过！

我就大声喊："师傅师傅！"

师傅听我喊，停下来问："什么事？"

我说："把车停过来吧。"

师傅把车退到我们店门口下了车，进了店问我："什么事呀？"

我问师傅："你要到哪儿呢？"

师傅说："要回家。"

师傅人真的很好，我就问："师傅，要买衣服吗？"

师傅说："你喊我买衣服呀？买是要买的，不过今天没打算买。"

我就说："今天买吧！我这个月还差几百块的业绩呢！帮我们买衣服吧！"

就这样，师傅笑笑说："好吧。"

我和我的搭档一同给师傅挑选了一套衣服。

师傅也非常开心，埋单后还说："原来是喊我买衣服呀！"

我可开心了，说："师傅，谢谢你，今天帮我们完成 11 月份的任务咯！"

师傅走时，我们送了一双袜子给他。

送走师傅后，我和搭档这时才发现，隔壁的店陆续关门了。

只差一点点业绩了。

我就用我侄儿前几天发微信给我的红包钱给我哥哥选了件衣服。

就这样，完成了 11 月的最后业绩，好不容易才达标！

谢谢朋友和亲们帮我完成最后的冲刺！

呵呵呵！好开心！ 11 月的个人和班组任务完成了！

25. 开始嫌贵不想买，最后却买了三件

给大哥擦了鞋，他看中了两件，两件只能打 8 折。8 折后 494 元，他觉得太贵了，说是 7.5 折就要。

我把好处说尽，服务也做好了，还是没有成交！

送他出门后，我在店里观察，他去旁边店里逛了一圈又出来了。

我赶紧出去把他又拉进店来，说："大哥，这么热的天，进来喝杯茶。"

他没有拒绝。

进门后，我心里就想：一定拿下！不能让他再空手出去了！

于是又非销聊天，聊得差不多了，我就让他又试了款 199 元的上衣。

我说："跟你身上的中裤真的很配套，只换了件上衣，立即年轻 5 岁。"

他说："不要，就想要刚才那一套。"

我说："三件就可以 7.5 折，我个人再送你双袜子好了。"

他说："这么好吗？"

我说："和你聊天很轻松，你很幽默。"

他说："送两双袜子。"

我说："好。"于是赶紧让店里的小姑娘帮他装起来。

最后，这位大哥一个劲儿地夸我："本来不想买衣服的，结果你服务好，于是只想买一套两件，最后不知道怎么回事就拿了三件！"

大哥还答应帮我们介绍朋友来，还开玩笑说让我晚上请他吃饭。